山区公路地质灾害和边坡风险安全评估及防范

向波　王东　张婧　刘阳　编著

西南交通大学出版社
·成都·

图书在版编目（CIP）数据

山区公路地质灾害和边坡风险安全评估及防范 / 向波等编著. -- 成都：西南交通大学出版社，2025.1.
ISBN 978-7-5774-0303-8

Ⅰ. U418.5

中国国家版本馆 CIP 数据核字第 2025GQ7090 号

Shanqu Gonglu Dizhi Zaihai he Bianpo Fengxian Anquan Pinggu ji Fangfan
山区公路地质灾害和边坡风险安全评估及防范

向 波　王 东　张 婧　刘 阳　编著

策划编辑	周　杨
责任编辑	赵思琪
封面设计	GT 工作室
出版发行	西南交通大学出版社 （四川省成都市金牛区二环路北一段 111 号 西南交通大学创新大厦 21 楼）
营销部电话	028-87600564　028-87600533
邮政编码	610031
网　　址	https://www.xnjdcbs.com
印　　刷	成都蜀通印务有限责任公司
成品尺寸	170 mm × 230 mm
印　　张	13.25
字　　数	178 千
版　　次	2025 年 1 月第 1 版
印　　次	2025 年 1 月第 1 次
书　　号	ISBN 978-7-5774-0303-8
定　　价	58.00 元

图书如有印装质量问题　本社负责退换
版权所有　盗版必究　举报电话：028-87600562

前言 PREFACE

随着我国交通强国建设、西部大开发的全面推进，四川省公路路网得到了全面发展和提升。截至2024年，四川省公路总里程达 4.18×10^5 km，高速公路通车总里程超过 1×10^4 km。其中，位于复杂艰险山区的公路占比很大。四川省地形地貌差异较大，盆周山区（尤其龙门山以西）地形地质条件极为复杂，随着高速公路、高等级国省干道向艰险山区全面延伸，山区公路难以避免遭遇各种地质灾害。如何在复杂地形地质、频发的极端降雨条件下，快速有效地识别、评估潜在地质风险，成为保障山区公路运营安全的关键。

四川省公路规划勘察设计研究院有限公司（简称四川公路院）联合西南交通大学于2016年1月承担了四川省交通科技项目"山区公路地质灾害和边坡工程安全风险评估及防范研究"（项目编号2016B2-2）。研究团队在全面收集四川省公路建设、运营管理资料的基础上，结合四川公路院在"5·12"汶川地震、"4·20"芦山地震、"8·8"九寨沟地震等历次强震应急抢险及长期地质灾害应急保通的数据，总结了威胁四川省山区公路运营安全的边坡失稳、崩塌、泥石流、水毁四种典型灾害特征。针对这四种典型灾害，在全面分析总结国内外公路地质灾害风险评估方法的基础上，结合大量样本数据统计分析，提出了包括初评、详评的两步评分法（简称两步法）风险评估体系，并开展了反向传播（BP）神经网络的滑坡风险定量评价模型探索。两步评分法风险评估体系的关键在于如何科学确定影响因子和权重系数。为此，研究团队多次深入汶川、泸州、平武、九寨沟等地区进行调查验证，同时开展四川、湖南、甘肃、重庆等地方专家的交流研讨，以及四川部分管养单位的调研工作。在此基础上，研究团队确定了两步评分法的影响因子及权重系数。研究团队通过正交试验、多条运营公路案例进一步验证了评估体系的合理性，开发了风险评估管理系统及手机端应用，并于 2023 年编制了四川省地方标准《营运山区公路地质灾害及边坡工程风险评价规程》（DB51/T 3088—2023）。目前，该评估系统及规程已推广应用于四川省山区运营高速公路风险评估管理。本书系对该项目研究成果的系统总结和深化。

  本书共 6 章：第 1 章介绍了山区公路地质灾害以及四川省公路运营灾损概况；第 2 章主要是基于山区公路地质灾害和边坡工程灾害的调查，提出了影响四川山区公路运营安全的边坡失稳、崩塌、泥石流、水毁四种典型灾害类型及其灾损特征；第 3 章在总结国内外地质灾害风险评估方法的基础上，提出了以分阶段专家评分法为主、机器学习法为辅的实用评估方法；第 4 章介绍了边坡失稳、崩塌、泥石流、水毁四种典型灾害的风险评估方法评价指标体系及权重系数的确定过程；第 5 章详细论述了两步评分法评分系统的确立，以及其在项目的验证情况；第 6 章针对四种典型灾害的不同风险等级，提出了对应的处置措施及建议。在本书的编纂过程中，王东、刘阳对本书进行了初步整理；西华大学的张婧副教授对地质灾害风险评估方法进行了深入的完善工作，并对全书内容进行了提炼总结；向波负责本书的统稿工作。

  本书的编写得到了四川省交通运输厅的大力支持，以及四川省公路规划勘察设计研究院有限公司和西南交通大学、西华大学等单位专家的专业指导。在此，向所有为本书编写提供支持和帮助的单位和个人表示最诚挚的感谢！

  书中难免存在疏漏之处，敬请读者批评指正！

作　者
2024 年 9 月

目 录 CONTENTS

第 1 章 山区公路灾害及灾损概况 ·········· 001
  1.1 地质灾害情况 ·········· 002
  1.2 山区公路地质灾害风险评估意义 ·········· 003
  1.3 四川省山区公路地质灾害形势 ·········· 004

第 2 章 四川省山区公路地质灾害和边坡工程灾害调查及分类 ···· 006
  2.1 四川省盆周山区公路地质灾害成因 ·········· 007
  2.2 四川省历史灾害调查数据 ·········· 008
  2.3 四川省补充调查验证资料 ·········· 030
  2.4 四川省山区公路地质灾害基本类型 ·········· 042

第 3 章 地质灾害风险评估方法 ·········· 051
  3.1 地质灾害风险评估方法分类 ·········· 052
  3.2 专家评分法 ·········· 058
  3.3 物理模型法 ·········· 068
  3.4 机器学习法 ·········· 076
  3.5 评估方法比较 ·········· 080

第 4 章　山区公路地质灾害和边坡工程评价指标体系 …… 083
4.1　评价指标 …… 085
4.2　评价指标权重 …… 096

第 5 章　山区公路地质灾害和边坡工程风险两步评分法 …… 118
5.1　基本方法 …… 120
5.2　各灾害类型风险等级表征 …… 142
5.3　两步法风险评分系统在川九路的应用及验证 …… 146

第 6 章　山区公路地质灾害和边坡工程安全风险处置对策 …… 155
6.1　典型地质灾害风险处置方案 …… 156
6.2　监测预警简介 …… 159
6.3　应急抢险处置措施 …… 164

参考文献 …… 195

第1章
山区公路灾害及灾损概况

1.1 地质灾害情况

四川省位于我国西南部,人口与经济体量巨大,省内山区面积约占全省总面积的77%。由于四川省存在地震活跃、暴雨强度大且持续时间长的区域,在暴雨和地震作用下,这些山区极易发生滑坡、泥石流以及水毁等地质灾害,这对人民生命和财产安全造成极大威胁。四川省地质灾害高发、频发的原因有如下两点:

(1)四川省地处因青藏高原持续隆升形成的地形急变带和活跃的地质构造带。四川省地处青藏高原东缘地带,由于印度板块不断向欧亚板块俯冲,致使青藏高原持续隆升。青藏高原的不断隆升,一方面在其边缘形成地形急变带,再加上河谷的下切,造就了四川省西部地区的高山峡谷地貌,山地丘陵约占全省面积的92%;另一方面持续的隆升致使高原东侧地壳不断向东挤压,使相关区域地质构造异常活跃,地震发生频繁。四川省内具有著名的"Y"字形活动构造带(由龙门山断裂带、鲜水河断裂带、安宁河构造带共同组成),同时我国著名的南北向活动构造带也从四川省穿过,这也是四川省近年来地震频发的主要原因,2008年"5·12"汶川8.0级特大地震、2013年"4·20"庐山7.0级地震、2014年"11·22"康定6.3级地震、2017年"8·8"九寨沟7.0级均发生在这些活动断裂带上。

(2)强震后效应、极端气候及大型工程建设使地质灾害进一步加剧。多次强烈地震触发了大量的崩塌滑坡,为震区泥石流的爆发提供了异常丰富的物源,殷跃平[1]在《汶川八级地震地质灾害研究》中指出,仅"5·12"汶川地震就触发了1.5×10^4余处滑坡、崩塌、泥石流,新增巨量松散固体物质超过1×10^{10} m³。强烈地震还会使极震区(X度以上的烈度区)山体震裂松动,留下很多"内伤",为震后滑坡、崩塌的发生提供了条件。再加上近年来随着气候变化,四川省极端异常气候频发、局部地区强降雨事件不断发生,以及大型人类工程活动对地壳浅表层产生的强烈扰动,这些外在因素进一步加剧了四川省地质灾害的发生。

1.2　山区公路地质灾害风险评估意义

山区公路交通复杂多变的自然环境，常常导致公路风险与灾害成因之间的关系难以明确，需要公路建设、运营、管理等相关单位高度重视公路风险管理中的风险评估工作，有必要针对性地对山区公路运营安全问题进行深入研究，构建风险指标体系，确定风险划分等级，有针对性地采取有效措施、提高管理效能、防范事故发生，以提高山区公路运营安全水平。

公路建设、运营、管理的相关部门已经认识到沿线地质灾害对山区公路安全运营的威胁，为了减少损失，投入了大量的人力和物力进行治理。但是，针对地质灾害风险评价的方法仍不完善，导致相关部门不能发挥主观能动性，预先实施灾害防治措施以减少人员伤亡和财产损失。一旦灾害发生后再采取措施处置必然造成费用的大幅增加，因此，开展运营期灾前山区公路地质灾害风险评估方法的研究，采取合理的风险处置及防范措施，是实现山区公路防灾减灾的重要环节。

至今，各部门尚未形成系统的山区公路灾害风险处置措施，大多数决策为灾害发生时或发生后由公路管理者根据情况临时决定的。由于时间仓促，做出的决策难免出现考虑不周的情况。例如，为考虑较高的安全性而过度增加修复费用，造成资源浪费，而真正需要投入更多经费的灾点，却因为灾害认识不够，导致资源分配不足。因此，根据不同的受灾程度及风险大小采取不同的处置对策，建立分层次的、快速便捷的灾害风险处置指南，对公路的日常运营、防灾减灾非常重要。

对此，在深入理解公路地质灾害的发育规律、成因机理基础上，构建一套完整的山区公路地质灾害与边坡工程安全风险评估及防范体系，对减轻和防范山区公路地质灾害及边坡灾害有着重大意义。本书旨在建立山区公路地质灾害和边坡工程安全风险评估方法，开发风险评估管理应用，从防控角度出发，提出风险处置技术指南，为山区公路的相关设计、施工人员和管理人员处理公路沿线地质灾害时提供科学、合理的技术指导。

1.3 四川省山区公路地质灾害形势

随着四川省高速公路（规划里程达 20 000 km）、高等级国省干道全面向地质灾害敏感的山区延伸，运营期内的公路不可避免地遭遇各种地质灾害。以四川省内几条山区公路为例（图 1.1～图 1.8）：2008 年，"5·12"汶川地震发生后，大量崩滑体掩埋了 S303 映秀至卧龙公路，使耿达、卧龙等地与外界失去联系，历经半年方才抢通一条便道；2013 年，受暴雨影响，雅西高速公路多段边坡发生垮塌；2015 年 8 月 16 日至 17 日，泸州市强降雨导致县道 010 线两河镇—白腊乡—高峰村段多处暴发泥石流、滑坡等重大地质灾害，引起多处路基水毁。目前，四川省公路通车总里程达 4.18×10^5 km，其中高速公路通车里程达 1×10^4 km，如何保障复杂地质、气候条件下公路安全运营是亟需解决的技术难题。

图 1.1　S303 线映卧段崩塌

图 1.2　高位崩塌砸断雅西高速桥梁

图 1.3　雅西线边坡滑塌

图 1.4　滑坡掩埋雅西高速

图 1.5　叙永县道某处水毁

图 1.6　洪水摧毁平武公路

图 1.7　川九路"二道拐"泥石流

图 1.8　泥石流掩埋都汶高速

第 2 章
四川省山区公路地质灾害和边坡工程灾害调查及分类

本章对山区公路地质灾害和边坡工程灾害的调查分析从两个方面展开：一方面是根据研究团队在公路勘察、设计工作过程中积累的大量典型山区公路地质灾害资料，开展初步分类；另一方面是在研究过程中组织人员多次深入山区公路开展地质灾害的现场补充调查验证。本章选取四川省汶川县、平武县等具有代表性地质灾害的山区公路进行调查分析。根据调查工作的结果，按照成灾机理可将四川省山区公路主要的地质灾害和边坡工程灾害划分为崩塌危岩、泥石流、滑坡和路基水毁等四种地质灾害类型。

2.1　四川省盆周山区公路地质灾害成因

灾害是自然因素、人为因素所引起的不幸事件和过程，它对人类的生命财产及人类赖以生存和发展的资源与环境造成危害和破坏，具有必然性、普遍性、长期性和广泛性等特点。灾害的形成必须具备两个条件：一是要有自然诱变作为诱因；二是要有受到损害的人、财产、资源作为承受灾害的客体。公路自然灾害是指以自然因素为主，或由自然因素与人为因素共同作用，引起公路设施严重破坏或公路服务质量大幅度下降，甚至引起交通中断或受阻的突发性事件[2]。地质灾害是多种因素综合作用的结果，可以分为内在因素和外在诱发因素两类：内在因素主要为灾害发生的孕灾环境因素，如岩土类型、地质构造、地形地貌等条件；外在诱发因素主要是指加速灾害发生的其他因素，如地震、降雨、不合理的人类活动等[2]。

四川省西部山区处于青藏高原的东缘和西南"三江地区"的大部，地跨我国一、二级地形台阶，具有地形高低悬殊、河谷深切、地貌类型多样、地层岩性复杂、新构造活动强烈、地震活动频繁等特点，加之暴雨和人类工程活动，使其成为我国地质灾害高发地区。地质灾害高发时段多集中在雨季，常伴随暴雨或持续降雨而发生。此外，高山峡谷地区强震后将诱发大量的崩塌、滑坡、泥石流等次生灾害，随着时间推移，次生地质灾害将呈"滑坡-泥石流-堵江-溃坝-河床下切-水毁"链状演变，强烈活跃期可能持续10~20年。因此，四川省山区公路地质灾害的主要自然诱发因素为强降雨和地震。

2.2　四川省历史灾害调查数据

研究团队全面、系统地调查了汶川、芦山、九寨沟、泸定等强震区震害数据，以及数十次抢险调查资料。限于篇幅，本节重点依据2008年"5·12"汶川地震公路沿线地质灾害、雅西高速沿线地质灾害，以及重大典型滑坡勘察报告、四川地区降雨诱发滑坡的文献资料介绍四川山区公路历史灾害。

2.2.1　2008年汶川地震公路地质灾害

1. 灾害事件

2008年5月12日14时28分4秒，四川省西部龙门山断裂带发生Ms8.0级汶川大地震。此次地震震源深度为14 km、地震最大烈度为11度、持续时间120 s、释放能量是唐山地震的3倍。此次地震是中国大陆近百年来在人口较为密集的山区所发生的破坏性最强、受灾面积最广、救灾难度最大、灾后重建最为困难的一次强震灾害[3]。根据《汶川地震灾害范围评估结果》，"5·12"汶川地震极重灾区共10个县（市），均位于四川省；重灾区共41个县（市、区），其中四川省29个县（市、区）、甘肃省8个县（市、区）、陕西省4个县（市、区）；一般灾区共186个县（市、区），其中四川省100个县（市、区）、甘肃省32个县（市、区）、陕西省36个县（市、区）、重庆市10个县（市、区）、云南省3个县（市、区）、宁夏回族自治区5个县（市、区）。

2. 调查过程

"5·12"汶川地震诱发地质灾害的分布范围广、类型多、数量大，受复杂地形地质条件影响，其影响因素、发育及分布规律、形成机理极为复杂。汶川地震区纵横交错的公路网，成为抢险救灾和恢复重建的重要通道，同时也是地震地质灾害研究的良好观察线路。汶川地震公路沿线地震地质灾害调查工作，大致可以分为以下三个阶段：

（1）第一阶段：地震发生后，应急保通调查阶段。

地震发生后，四川省公路规划勘察设计研究院有限公司（原四川省交通运输厅公路规划勘察设计研究院）先后组织了30多个调查组，调查工作人员冒着生命危险，深入地震灾区，在各种艰难条件下获得了宝贵的地震地质灾害资料。

随后公路部门组织对汶川地震灾区国省干线和主要县乡道路进行了系统的调查和检测工作，逐路段、逐灾害点地进行现场调查和检测，掌握了全部灾区公路震害资料。

（2）第二阶段：地质灾害调查研究阶段。

地震发生后，交通运输部立项开展"5·12汶川地震公路震害评估、机理分析及设防标准评价"项目研究工作。研究中，研究团队制定了系统的调查工作计划和工作方法，在掌握第一阶段应急调查资料、各路段基本地质资料及重点路段遥感影像资料基础上，进行了系统深入的震害调查工作。

（3）第三阶段：震后补充调查阶段。

第三阶段主要结合地震灾区新建公路工程和灾后公路恢复重建工程勘察设计，将灾害勘察资料作为震害资料的补充。对于震后发生的大量泥石流、崩塌灾害，也进行了跟踪调查工作。

研究团队累计进行详细地质灾害调查 6 056 km，地震崩滑灾害点/群 1 011 个，泥石流灾害点 103 个，实测地质剖面近 600 条。为便于灾害统计，对"5·12"汶川地震区进行分区，如图 2.1 所示。

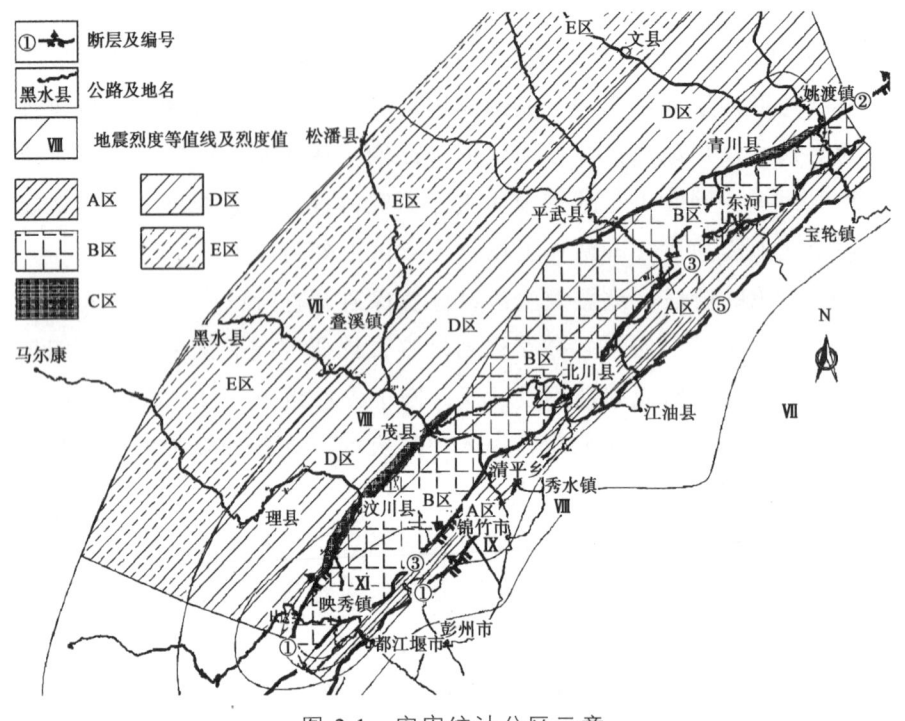

图 2.1　灾害统计分区示意

3. 调查资料[4-5]

依托地震灾区纵横交错的公路网，以现场调查为基础，在掌握约 6 056 km 国省干线公路及典型县乡道路沿线地质灾害详细资料的基础上，形成了若干条垂直龙门山构造带和平行龙门山构造带的完整观察路线，并依据地质构造、地层岩性、地震烈度、地形地貌等进行研究区域划分和灾害统计。通过进行路线灾害的研究分析，以及不同地质构造、地层岩性、地震烈度和地形地貌条件典型段落灾害的对比分析，发现长度为 4 573.75 km 的公路沿线共有 937 个地质灾害点，涵盖地表破裂带、地震液化、地震崩塌及滑坡、震后次生泥石流等灾害类型，其中崩塌灾害点 678 个，滑坡灾害点 156 个，泥石流灾害点 103 个，地质灾害点统计情况见表 2.1。

表 2.1　2008 年汶川地震公路沿线地质灾害点统计

序号	路线段落	长度/km	灾害点总数量/处	崩塌灾害点/群数量/处	滑坡灾害点数量/处	次生泥石流灾害点数量/处
1	G213 都江堰—映秀—汶川—川主寺（含高速公路段）	316	229	177	35	17
2	S303 线映秀—卧龙—小金（达维）	172.7	158	118	5	35
3	G317 线汶川—马尔康	212	24	20	4	
4	S105 线安昌—北川—南坝，青川—沙洲	235.4	83	54	26	3
5	S302 通口—邓家坝—茂县—黑水	212.2	68	49	16	3
6	G212 广元—沙洲—姚渡—宕昌	385.2	33	19	9	5
7	S205 江油—桂溪，南坝—平武—双河	204.6	81	66	15	
8	XN19 都江堰—龙池公路	22.4	12	3	8	1
9	XU09 漩口—三江公路	20.8	9	8	1	
10	汉旺—清平—茂县（桂花岩）公路	31.4	73	45	1	27
11	XF05 红白—青牛沱公路	20	10	6	4	
12	X124 东河口—马公公路	43.4	50	25	21	4
13	陕西省道 104 线西安—千阳公路	2 697.65	107	88	11	8
	总计	4 573.75	937	678	156	103

（1）地表破裂带。

"5·12"汶川地震发震断层引起地表破裂，对破裂带沿线公路、房屋、铁路、管线等造成严重损毁。其中，对公路的危害主要表现为公路路基错断、桥梁垮塌、挡墙错断。图 2.2 所示为映秀—北川地表破裂带导致 G213 线映秀镇附近桥梁垮塌、挡墙错位、公路路基错断。

（a）　　　　　　　　　　　　　（b）

图2.2　地表破裂致G213线映秀顺河桥垮塌、挡墙错位及路基错断

（2）地震液化。

地震液化是一种常见的地震灾害形式。在"5·12"汶川地震区特殊的地质条件下，其地震液化与其他地震区不同。汶川震区少见单一、较厚的砂层，第四系河流堆积物多为卵砾石层、局部夹砂层，而地震诱发大量卵砾石层液化，甚至第四系更新统卵砾石层也出现了液化现象。图2.3所示为什邡公路沿线地震液化现象，图2.3（b）可见喷出卵石。

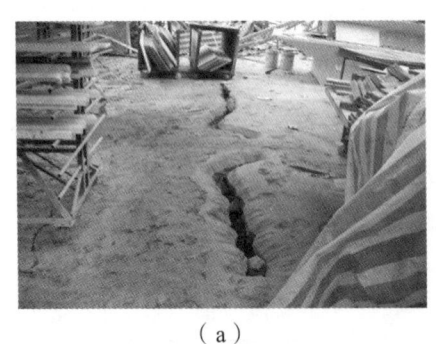

（a）　　　　　　　　　　　　　（b）

图2.3　什邡公路沿线地震液化现象

（3）地震崩塌及滑坡。

地震崩塌及滑坡灾害是"5·12"汶川地震区主要地质灾害形式。地震力作用下的斜坡失稳灾害，与常规重力、降雨作用下的斜坡失稳灾害有显著的不同。地震灾区地处龙门山区，区内山高谷深、地形地

质条件复杂，斜坡地质结构类型多样，斜坡失稳灾害类型极为丰富多样，其中高速远程滑坡（图2.4）、高位崩塌（图2.5）、土层及强风化岩体失稳（山扒皮）（图2.6）、高位块石抛射（图2.7）是比较典型、有代表性的灾害形式。

图2.4　G213老虎嘴高速远程滑坡导致堰塞湖

图2.5　高位崩塌落石致彻底关大桥桥梁被砸毁、路基被埋

图 2.6　典型斜坡上部土层及强风化岩体失稳（山扒皮）

图 2.7　映秀至卧龙公路某斜坡块石抛射

（4）次生泥石流。

"5·12"汶川地震诱发大量崩塌及滑坡灾害，地震崩塌及滑坡堆积物残留在沟谷及斜坡上，后期降雨作用下，极易诱发泥石流灾害。实践表明，泥石流灾害是震后主要灾害形式之一，如 2010 年 8 月 13 日，四川暴雨诱发大量泥石流灾害，S303 线映秀—卧龙公路（图 2.8）、G213 线映秀—汶川公路、汉旺—清平—桂花岩等公路沿线，暴发大量泥石流灾害，给公路造成严重损毁。

图 2.8　映秀—卧龙公路肖家沟泥石流

2.2.2 雅西高速公路地质灾害

1. 灾害事件

雅安—西昌高速公路（雅西高速公路）起于四川省雅安市对岩镇，经荥经、汉源、石棉，止于凉山州西昌市，全长约 240 km，是北京至昆明高速公路（G5）和 8 条西部大通道之一的甘肃兰州—云南磨憨公路在四川境内的重要组成部分。雅西高速公路由四川盆地边缘向横断山区高地爬升，沿南丝绸之路穿越中国大西南地质灾害频发的深山峡谷地区，地形条件险峻，地质结构复杂，气候条件多变，生态环境脆弱，建设条件艰苦，安全营运难度大，被国内外专家学者公认为国内乃至全世界自然环境最恶劣、工程难度最大的山区高速公路之一。

雅西高速冕宁段总体地势北高南低，地质环境复杂，地质灾害频发。近年来，随着该地区人口的增加和工程经济活动的加强，山地环境恶化，地质灾害呈增长趋势，如 2011 年 6 月 16 日彝海乡泥石流、2011 年 9 月 17 日拖乌乡泥石流、2012 年 7 月 2 日汉源泥石流、2012 年 7 月 21 日荥经泥石流等，严重威胁了高速公路的运营安全，已成为影响社会经济发展的重要制约因素[6]。

2. 调查资料

2011—2012 年，受暴雨影响，雅西高速沿线先后发生了多起地质灾害。研究团队通过勘察报告收集到 28 处地质灾害点的数据资料，主要灾害形式为滑坡、崩塌、泥石流、路基水毁，各灾害点具体情况见表 2.2。

表 2.2 雅西高速沿线地质灾害

序号	路线段落	长度/m	致灾原因	灾害类型
1	雅西高速 K8+576～K8+715	139	降雨	滑坡
2	雅西高速 K15+710～K15+830	120	路堑开挖	滑坡
3	雅西高速 K180+230～K180+360	130	河流冲刷	路基水毁

续表

序号	路线段落	长度/m	致灾原因	灾害类型
4	雅西高速 K185+030～K185+070	40	河流冲刷	路基水毁
5	雅西高速 K190+322～K190+425	103	降雨	泥石流
6	雅西高速 K195+132～K195+320	188	降雨	泥石流
7	雅西高速 K198+110	—	降雨	泥石流
8	雅西高速 K203+065～K203+114	49	降雨	滑坡
9	雅西高速 K205+450～K205+504	54	降雨	滑坡
10	雅西高速 K1959+900～K1959+930	30	降雨	崩塌
11	雅西高速 K1960+600～K1960+611	11	降雨	滑坡
12	雅西高速 K1962+500～K1962+665	165	降雨	滑坡
13	雅西高速 K1967+860～K1967+872	12	降雨	滑坡
14	雅西高速 K1967+950～K1968+024	74	降雨	崩塌
15	雅西高速 K1972+500～K1972+557	57	降雨	滑坡
16	雅西高速 K1972+950～K1972+983	33	降雨	滑坡
17	雅西高速圣母庙隧道右洞	—	降雨	水毁
18	雅西高速圣母庙隧道左洞	—	降雨	水毁
19	雅西高速 K1973+900～K1973+920	20	降雨	滑坡
20	雅西高速 K1974+100～K1974+120	20	降雨	滑坡
21	雅西高速 K1975+360～K1975+400	40	降雨	滑坡
22	雅西高速 K1981+320～K1981+340	20	降雨	滑坡
23	雅西高速荥经收费站出口	—	降雨	崩塌
24	荥经互通	—	降雨	崩塌

续表

序号	路线段落	长度/m	致灾原因	灾害类型
25	雅西高速 K1965+670～K1965+720	50	降雨	滑坡
26	雅西高速 K1982+150～K1982+190	40	降雨	滑坡
27	雅西高速 K1997+925～K1997+990	65	风化	崩塌
28	雅西高速 K1997+844～K1994+910	66	降雨	滑坡

雅西高速沿线泥石流、滑坡和路基水毁的典型灾害点情况如下：

（1）泥石流典型灾害点。

雅西高速的泥石流典型灾害点位于雅西高速 K195+132～K195+320 右侧挖方边坡，经"6·17"特大暴雨后，在 K195+230 和 K195+320 冲刷形成泥石流冲沟（图 2.9）。2012 年雨季后又引发了小规模泥石流，影响高速公路运营。

图 2.9 雅西高速 K195+132～K195+320 右侧泥石流

（2）滑坡典型灾害点。

该典型灾害点为与雅西高速灵山隧道进口端 K205+450～K205+504 右侧挖方边坡（图 2.10），边坡坡比为 1∶1，坡脚设抗滑路堑墙，坡顶设置截水沟，第一、二级边坡采用菱形骨架防护，第三级边坡采用挂三维网、铁丝组合网植草绿化，边坡平台均设置平台截水沟。该路段地质情况为黄色黏土夹小块石，下为强风化泥质粉砂岩。2012年10月10日暴雨后，该路段挖方边坡发生垮塌，影响了高速公路的正常运营。

图2.10 雅西高速K205+450~K205+504右侧边坡垮塌

（3）路基水毁典型灾害点。

雅西高速的路基水毁典型灾害点位于K28+900~K28+920圣母庙隧道右洞出口左侧土质边坡（图2.11），土体松散，原设计为削坡，坡面喷素混凝土护面，受降雨影响，混凝土护面被冲毁，边坡土体发生垮塌。

图2.11 圣母庙隧道右洞出口水毁

2.2.3 重大典型滑坡的勘查报告

四川省山区公路滑坡灾害频发，有相对丰富的公路地质灾害样本，研究团队根据38份四川省重大典型滑坡灾害的详细勘察报告，整理了38处典型山区公路滑坡地质灾害点的数据资料，具体信息见表2.3。

表 2.3 重大典型滑坡

序号	发生地点 地点名称	发生地点 经纬度	滑坡平面形态	滑坡概况
1	洪雅县柳江—玉屏山景区公路K1+000不稳定斜坡	103°13′06″E；29°42′45″N	扇形	斜坡宽为55 m，纵向长约为5~12 m，面积约为550 m²，主滑方向为70°，坡体土层厚2~6 m不等，方量约为2 400 m³
2	景区公路K1+100不稳定斜坡	103°13′03″E；29°42′45″N	扇形	斜坡宽为90 m，纵向长约为6~14 m，面积约为810 m²，主滑方向为230°，坡体土层厚2~6 m不等，方量约为3 300 m³
3	景区公路K3+200不稳定斜坡	103°12′40.18″E；29°43′24.39″N	带状	斜坡宽为85 m，纵向长约为12~18 m，面积约为590 m²，主滑方向为238°
4	洪雅县柳江~玉屏山景区公路K3+400不稳定斜坡	103°12′36″E；29°43′23″N	扇形	斜坡宽为45 m，纵向长约为12~13 m，面积约为530 m²，主滑方向为152°。坡体土层厚1.5~4 m不等，方量约为1 500 m³，为小型滑坡
5	凉山州雷波县巴姑乡巴姑村瓦果后山滑坡	103°23′19″E；28°00′43″N	不稳定斜坡1：半圆形；不稳定斜坡2：长舌状	不稳定斜坡1长约23 m，宽约35 m，面积约为805 m²，滑塌体主滑方向为252°，坡度一般为25°~35°，滑体厚度一般在1~2 m，滑坡方量约为0.1×10⁴ m³；不稳定斜坡2滑坡纵向轴长约102 m，滑坡前缘居民后部宽约44 m，滑坡中部宽约46 m，滑坡后部宽约22 m，滑坡区面积约为3 560 m²，平均坡度约为16°，主滑方向约为274°

续表

序号	发生地点 地点名称	发生地点 经纬度	滑坡平面形态	滑坡概况
6	巴中市恩阳区双胜乡中华村3组水井田滑坡	106°26′07″E；31°39′31″N	弧形	斜坡纵向长约100 m，横向宽约114 m，坡向坡度为252°，坡度为10°～40°
7	米易县丙谷乡路发村槽子田滑坡	—	滑坡1："长条"状；滑坡2：形态不规则，似扇形；滑坡3：形态不规则，近于扇形	滑坡1沿主滑方向长约15 m，横向平均宽约120 m，面积约为1 800 m²，滑体厚度约为2～4 m，平均厚度约为3 m，体积约为0.54×10⁴ m³，按滑坡体体积为小型滑坡；滑坡2沿主滑方向长约130 m、横向平均宽约150 m，面积约为1.95×10⁴ m²，滑体厚度约为2～4 m，平均厚度约为3 m，体积约为5.85×10⁴ m³。按滑坡体体积为小型滑坡；滑坡3滑坡沿主滑方向长约50 m、横向平均宽约110 m，面积约为5 500 m²，滑体厚度约2～4 m，平均厚度约3 m，体积约为1.65×10⁴ m³，按滑体体积为小型滑坡
8	阿坝州小金县结思乡廖家院子村大坪包包滑坡	102°32′24.3″E；31°02′54.1″N	弧形	大坪包包滑坡分布高程为2 632～2 740 m，轴线长约160 m，最大宽度约为163 m，总面积约为26 080 m²，厚度一般为20～27 m，平均厚度约24 m，总体积约为62.592 0×10⁴ m³，属中型堆积体滑坡，滑坡滑动方向坡度约为242°
9	旺苍县张华镇岐山村道子坪滑坡	106°10′02″E；32°10′09″N	"长条"状	纵向轴长34～46 m，平均长约40 m，横向宽度约为190 m，滑坡体面积约为8 400 m²，该滑坡体的厚2～6 m不等，体积约为4.36×10⁴ m³，主滑方向为203°

续表

序号	发生地点 地点名称	发生地点 经纬度	滑坡平面形态	滑坡概况
10	盐源县甘塘乡甘塘中心校滑坡	101°51′41.64″E；27°13′32.58″N	"水瓢"状	根据滑坡滑动方向的不同，本次将滑坡体分为两个变形区，即Ⅰ区、Ⅱ区。Ⅰ区纵向长61 m，横向宽74 m，滑动方向约为35°，面积为4 500 m²；Ⅱ区纵向长67 m，横向宽140 m，滑动方向约为74°，面积为9 300 m²。Ⅰ区、Ⅱ区面积共计1.38 km²，滑体平均厚度约为5 m，体积约为69 000 m³
11	西充县古楼镇古尔山滑坡	105°36′20.6″E；30°45′24.3″N	H1滑坡：圈椅状；H2滑坡：不规则长条状；H3滑坡：似矩形	H1滑坡纵长约65 m，均宽约140 m，面积约为9 100 m²，平均厚度约为5 m，体积约为45 000 m³；H2滑坡纵向平均长度为22 m，滑坡体宽度为190 m，面积约为4 100 m²，平均厚度约为3 m，体积约为12 000 m³；H3滑坡纵长约为24 m，均宽约为45 m，面积约为1 080 m²，平均厚度约为2 m，体积约为2 100 m³，3个滑坡均为一小型浅层土质滑坡
12	古墓杠滑坡	102°55′30.85″E；29°57′12.26″N	撮箕状	滑坡长约78 m，滑坡中间宽、上下窄，中部宽约76 m，下部至前缘处宽约52 m，面积约为0.46×10⁴ m²，后缘顶部高程为948 m，前缘坡脚高程为923 m，高差为25 m，滑体厚度约为1.97~7.66 m，滑体平均厚度约为4.8 m，体积约为2.22×10⁴ m³

续表

序号	发生地点 地点名称	发生地点 经纬度	滑坡平面形态	滑坡概况
13	凉山州会理县鹿厂镇红星村1、2组滑坡	101°52′E~102°38′E；26°05′N~27°12′N	簸箕状	H1滑坡纵向轴长约42 m，宽度约20 m，滑坡体面积约为752 m²，厚1.8~4.6 m不等，中间厚、两边薄，体积约为2 400 m³，主滑方向约为21°；H2滑坡纵向长34.8~52.2 m不等，前缘呈不规则形状，最宽约为55.8 m，后缘变窄，约为31.9 m，滑坡体面积约为2 603.6 m²，滑坡体的厚1.6~6.0 m不等，中间厚、两边薄，体积约为10 900 m³，主滑方向约为52°；H3滑坡纵向轴长约为31.2 m，宽度约36.7 m，滑坡体面积约为1 014.5 m²，该滑坡体的厚1.6~6 m不等，中间厚、两边薄，体积约为4 300 m³，主滑方向约为59°；H4滑坡纵向轴长约90.7 m，宽度约70 m，滑坡体面积约为5 075.4 m²，厚1.8~5 m不等，中间厚、两边薄，体积约为14 200 m³，主滑方向约为19°
14	柳江—玉屏景区公路K2+000不稳定斜坡	—	带状	斜坡宽为75 m，纵向长6~15 m，面积约为750 m²，坡向坡度为243°~320°
15	南江县长赤镇华山村1社滑坡	106°35′51″E；32°11′51″N	簸箕状	H1滑坡纵向轴长约90 m，宽68~100 m不等，平均宽约84 m，滑坡体面积约为7 560 m²，厚2~6 m不等，中间厚、两边薄，体积约为36 000 m³，主滑方向约为169°；H2滑坡纵向长50~80 m不等，宽80~180 m不等，平均宽约145 m，滑坡体面积约为10 500 m²，厚2~6 m不等，中间厚、两边薄，体积约为45 200 m³，主滑方向约为186°

续表

序号	发生地点 地点名称	发生地点 经纬度	滑坡平面形态	滑坡概况
16	金阳县城区滑坡	102°56′30″E~103°20′20″E；27°22′10″N~27°57′41″N	圈椅状	滑坡宽约2 100 m，纵向长平均1 100 m，古滑坡厚60~140 m，总体积约2×10^8 m^3
17	会东县堵格镇五省庙村新合社滑坡	102°41′35″E；26°41′40″N	新合社H1滑坡：圈椅状；新合社H2滑坡舌状	滑坡H1主滑方向约为290°，坡度40°，滑坡后缘高程2 243 m，前缘高程2 218 m，横向宽约28 m，长约40 m，滑坡体厚4~9 m，平均厚约6 m，总面积约为1 120 m^2，方量为7 000 m^3，属小型土质滑坡；滑坡H2主滑方向约为235°，坡度30°，滑坡后缘高程为2 269 m，前缘高程为2 245 m，横向宽约26 m，长55 m，滑坡体厚3~8 m，平均厚约5.5 m，总面积约为1 430 m^2，方量约为8 000 m^3，属小型土质滑坡
18	恩阳区双胜乡古楼垭村朱家湾滑坡	106°34′07″E；31°38′40″N	圈椅状	朱家湾滑坡纵向长约198 m，横向宽约115 m，平均厚度约16 m，体积约34.2×10^4 m^3，为中型土质滑坡
19	凉山州会理县槽元乡木树村1组滑坡	102°27′33″E；26°45′0″N	圈椅状	滑坡后缘高程为1 950 m，前缘最低点剪出口高程约为1 830 m，高差达120 m。顺坡长310 m，前缘横向宽约270 m，滑坡体平均厚约30 m，方量约为2.51×10^6 m^3。从平面上看，滑坡主滑方向为70°
20	凉山州会东县铅锌镇摩洛村6社老屋基滑坡	102°49′30″E；26°38′29″N	H1圈椅状、H2不规则状和H3长舌状	H1滑坡主滑方向为262°，纵向长约55 m，平均宽约38 m，面积约为2 090 m^2，该区滑坡体厚约4.5 m，体积约为9 000 m^3；H2主滑方向为236°，纵向长约80 m，平均宽约60 m，面积约为4 800 m^2，该区滑坡厚2.8~5.9 m不等，体积约为19 000 m^3；H3主滑方向为289°，纵向长约126 m，平均宽约95 m，面积约为12 000 m^2，该区滑体平均厚度约为4 m，体积约48 000 m^3

续表

序号	发生地点 地点名称	发生地点 经纬度	滑坡平面形态	滑坡概况
21	凉山州木里县李子坪乡中心小学滑坡	101°13′01.0″E；27°59′43.3″N	圈椅状	滑坡后缘高程为2 430 m，前缘最低点剪出口高程约为2 395 m，高差达35 m，顺坡长80 m，前缘横向宽约150 m，滑坡体平均厚度约为6.5 m，滑坡面积为$1×10^4$ m^2，方量约为$6.5×10^4$ m^3，滑坡主滑方向分别为244°、209°
22	华蓥市观音溪镇李子垭煤矿变电所后山滑坡	106°45′34″E；30°14′52″N	H1圈椅状，H2四方形	李子垭煤矿变电所后山滑坡分为H1、H2两个滑坡。H1滑坡纵长110 m，宽约40 m，滑体厚2.5～4 m，平均厚度约为3.5 m，体积约为11 000 m^2，其主滑方向为10°；H2滑坡纵长45 m，宽约40 m，滑坡体厚3～6 m，平均厚度约为5 m，体积约为13 000 m^2
23	巧家县药山镇麦坪村梁山滑坡	103°00′15″E；27°05′52″N	圈椅状	滑坡纵向长约10 m，横向宽约58 m，滑坡体主要由坡表覆盖层组成，平均厚度为2～5 m，滑坡体积约为1 740 m^3，滑坡主滑动方向坡度为238°
24	泸定县冷碛镇黑沟头村黑沟头不稳定斜坡	102°16′57″E；29°48′19″N	圈椅状	不稳定斜坡纵长横宽270 m，纵长约300 m，面积约为81 000 m^2，体积约为180 000 m^3，规模属于中型
25	八步乡马家河滑坡	10°54′21.3″E；29°56′43.4″N	扇形	滑坡面积为5 500 m^2，滑坡体平均厚度约为5 m，体积近30 000 m^3，滑坡为一浅层、小型滑坡
26	米易D07号地块滑坡	101°44′E～102°15′E；26°42′N～27°10′N	圈椅状	滑坡主滑方向为190°，面积约为7 000 m^2，滑体厚度6～8.2 m，体积约为$5×10^4$ m^3

续表

序号	发生地点 地点名称	发生地点 经纬度	滑坡平面形态	滑坡概况
27	旺苍县国华镇山坪村闫家沟滑坡	105°58′E~106°48′E；31°59′N~32°42′N	马蹄形	滑坡 H1 主滑方向为 305°，平均坡度为 18°，滑坡后缘高程为 750 m，前缘高程为 730 m，坡脚横向宽约 60 m，长约 130 m，滑坡体厚 8~15 m，平均厚约 12 m，总面积约为 7 800 m²，方量约为 93 600 m³，属小型土质滑坡；滑坡 H2 主滑方向为 270°，平均坡度为 17°。滑坡后缘高 780 m，前缘高程为 710 m，坡脚横向宽约 100 m，长 300 m，滑坡体厚 8~15 m，平均厚约 12 m，总面积为 30 000 m²，方量约为 36 000 m³，属中型土质滑坡；滑坡 H3 主滑方向为 240°，平均坡度为 18°，滑坡后缘高程为 670 m，前缘高程为 650 m，坡脚横向宽约 50 m，长约 40 m，滑坡体厚 8~15 m，平均厚约 10 m，总面积为 2 000 m²，方量约为 20 000 m³，属小型土质滑坡；潜在不稳定斜坡体坡向坡度为 280°，平均坡度为 15°，滑坡后缘高程为 720 m，前缘高程为 650 m，坡脚横向宽约 70 m，长约 250 m，滑坡体厚 8~15 m，平均厚约 11 m，总面积约为 17 500 m²，方量约为 192 500 m³
28	木里县托别（龙宫）滑坡	—	舌状	滑坡Ⅰ区顺坡长 400 m，前缘横向宽约 350 m，平均厚度约为 15~30 m，方量约为 2.8×10^6 m³。滑坡主滑方向为 340°；滑坡Ⅱ区顺坡长 310 m，前缘横向宽约 250 m，滑体平均厚度约为 5~20 m，方量约为 8×10^5 m³。滑坡主滑方向为 312°，推测滑坡类型为沿基覆界面溜滑；滑坡Ⅲ区顺坡长 990 m，前缘横向宽约 400 m，滑体厚度约为 15~40 m，方量约为 7×10^6 m³，滑坡主滑方向为 343°，滑坡类型为沿基覆界面溜滑

续表

序号	发生地点 地点名称	发生地点 经纬度	滑坡平面形态	滑坡概况
29	凉山州雷波县永盛乡山脚村乔家院子滑坡	103°42′31″E；28°14′19″N	强变形Ⅰ区近似为正方形；弱变形Ⅱ区平面上近似为倒放的三角形	强变形Ⅰ区后缘高程约为1 256 m，前缘高程为1 135 m，高差约为120 m，前缘为陡崖临空，强变形Ⅰ区滑坡方向为116°，滑体长约800 m，宽约800 m，滑体厚度为5~10 m，体积约为3×10^6 m³，为浅~中层滑坡；弱变形Ⅱ区后缘高程为1 242~1 225 m，前缘高程为1 188 m，高差约为50 m，前缘为陡崖临空，弱变形Ⅱ区滑坡方向约为116°，滑体长约320 m，宽约440 m，滑坡体厚度约为5 m，体积约为7.5×10^5 m³，为浅~中层滑坡
30	石桥镇石桥卫生院滑坡	103°29′57″E；10°07′02″N	圈椅状	滑坡体坡度约为20°~30°，滑坡纵向长约66 m，横向宽约20 m，滑坡体主要由坡表覆盖层组成，平均厚度约为2~3 m，滑坡体积约3 000 m³。滑坡主滑动方向坡度为193°
31	唐家湾滑坡	106°40′~106°54′E；30°07′N~30°28′N	圈椅状	滑坡H1主滑方向为135°，平均坡度为19°，滑坡后缘高程为531 m，前缘高程为510 m，坡脚横向宽约69 m，长约44 m，滑坡体厚1.9~4 m，平均厚约3 m，总面积约为3 000 m²，方量约为9 000 m³，属小型土质滑坡；滑坡H2主滑方向为75°，平均坡度为23°，滑坡后缘高程为557 m，前缘高程为424 m，坡脚横向宽约30 m，长约60 m，滑体厚3~6 m，平均厚约5 m，总面积约为1 800 m²，方量约为9 000 m³，属小型土质滑坡

续表

序号	发生地点 地点名称	发生地点 经纬度	滑坡平面形态	滑坡概况
32	墨沟碗厂滑坡	106°40′~106°54′E；30°07′N~30°28′N	舌状	H1滑坡长50 m，横向宽35 m，前缘高程为352 m，后缘高程为365 m，相对高差为13 m，滑坡体厚度为3~8 m，体积约为11 000 m³，主滑方向为203°，属小型土质滑坡
33	旺苍县盐河乡盐河村土地寨滑坡	106°20′13″E；32°33′10″N	扇形	滑坡宽约40 m，顺主滑方向长约30 m，面积约为1 200 m²，厚度约2~4 m，滑坡体平均厚度约3 m，体积约为4 000 m³，滑坡滑动方向坡度为282°，属小型土质滑坡
34	凉山州会东县铅锌镇摩洛村6社小石桥滑坡	102°49′31″E；26°38′22″N	小石桥H1滑坡为舌状地貌，小石桥H2滑坡呈扇形，小石桥H3滑坡呈菱形	滑坡H1主滑方向为291°，横向宽约42 m，长42 m，滑体厚2~6 m，平均厚约4 m，总面积约为1 770 m²，方量约为7 000 m³；滑坡H2主滑方向为316°，坡度20°，横向宽约56 m，长48 m，滑坡体厚4~6 m，平均厚约5 m，总面积约为2 020 m²，方量约为10 000 m³；滑坡H3主滑方向为272°，横向宽约87 m，长约77 m，滑体厚3~5 m，平均厚度约为4 m，总面积约为6 700 m²，方量约为27 000 m³
35	广元市利州区荣山镇高坑村小湾子滑坡	106°00′32″E；32°24′08″N	长"舌"状	H1滑坡纵向轴长约145 m，宽约58~67 m，平均宽约65 m，面积约为9 425 m²。滑坡的厚2.6~7.8 m不等，体积约为49 600 m³。主滑方向为226°；H2滑坡纵向轴长约327 m，宽47~120 m不等，平均宽约65 m，滑坡体面积约为21 300 m²，滑坡体厚2.8~5.4 m不等，体积约为85 200 m³，主滑方向为226°。H1、H2滑坡均属于小型浅层土质滑坡

续表

序号	发生地点 地点名称	发生地点 经纬度	滑坡平面形态	滑坡概况
36	眉山市洪雅县柳江镇玉屏山滑翔基地停车场不稳定斜坡	—	—	不稳定斜坡纵向长约14 m，横向宽约64 m，厚度约为5~11 m，体积约为8 960 m³，滑动方向坡度约为64°
37	八步乡紫石村张家沟滑坡	—	弓箭形	滑坡区纵长27 m，滑动区宽110 m，滑体由大块石土组成，厚7~17 m，概算体积约为14 000 m³，其规模属中偏小型
38	昭觉县新城镇移民村不稳定斜坡	102°22′04″E~103°19′48″E；27°45′26″N~28°21′18″N	—	不稳定斜坡宽约135 m，纵轴长约270 m，面积约36 180 m²，坡体覆盖层厚2~5 m，不稳定斜坡整体坡向坡度为195°

2.2.4 四川地区降雨诱发滑坡的文献资料

从已公开发表的四川地区降雨诱发滑坡文献资料中筛选具有代表性的29篇公路滑坡地质灾害事件报道，并提取滑坡事件的规模、结构特征、变形特征、降雨量等数据资料。文献涉及的四川地区典型滑坡事件见表2.4。

表2.4 公开发表文献涉及的四川典型滑坡事件

序号	滑坡名称
1	宣汉县天台乡特大型滑坡[7]
2	丹巴县城滑坡[8]
3	都江堰三溪村五里坡特大滑坡[9]
4	米易县降雨滑坡[10]
5	茂县叠溪镇新磨村特大滑坡[11]

续表

序号	滑坡名称
6	喇叭沟滑坡[12]
7	达县青宁乡滑坡[13]
8	南江县下两中学滑坡[14]
9	通江县永安中学滑坡[15]
10	峨眉山市王山—抓口寺段滑坡[16]
11	理县西山村滑坡[17]
12	四川省泸定县马桑坡滑坡[18]
13	雷-马-屏监狱通木溪滑坡[19]
14	汉源县万工滑坡[20]
15	达州地区团包咀滑坡[21]
16	四五水库土石坝滑坡[22]
17	汉源县背后山滑坡[23]
18	康定城白土坎滑坡[24]
19	美姑县则租滑坡泥石流[25]
20	万县市豆芽棚滑坡[26]
21	高县白崖崩塌性滑坡[27]
22	武隆县鸡冠岭滑坡[28]
23	什邡县燕子岩北坡再度发生大型滑坡[29]
24	绵重公路武兰滑坡[30]
25	九龙县紫油坪滑坡[31]
26	南江县红层地区缓倾岩质滑坡[32]
27	达宣公路老林村滑坡[33]
28	阆中市望垭滑坡[34]
29	松潘县乱石窖滑坡[35]

2.3 四川省补充调查验证资料

2.3.1 目标路段选取

为了进一步对山区公路地质灾害和边坡工程灾害资料进行补充，夯实风险安全评估研究的数据资源基础，研究团队组织大量的人力、物力在2016—2019年间先后对百纳—高峰公路、G317汶川—理县段、S205平武段、G544川九路4条地质灾害严重的公路路段开展了共6次公路地质灾害现场调查。

根据现场调查成果补充形成的四川省山区公路地质灾害和边坡工程灾害数据库是评估风险地质灾害分类的基本依据。因此，数据库样本应该尽可能体现区域特征、路网等级。如图2.12所示，从区域特征来看，数据库调查范围包括龙门山断裂沿线以及川南泸州山区；从道路等级来看，数据库涵盖了国省干线（雅西高速、G317、G544川九路、S205平武段等），以及典型县乡通道（泸州县道百纳—高峰段）；从地质灾害诱因来看，数据库中的公路地质灾害成因包含了降雨和地震两种因素。综上所述，通过历史灾害数据和现场补充验证调查形成的四川省山区公路地质灾害和边坡工程灾害数据库具有较强的代表性。

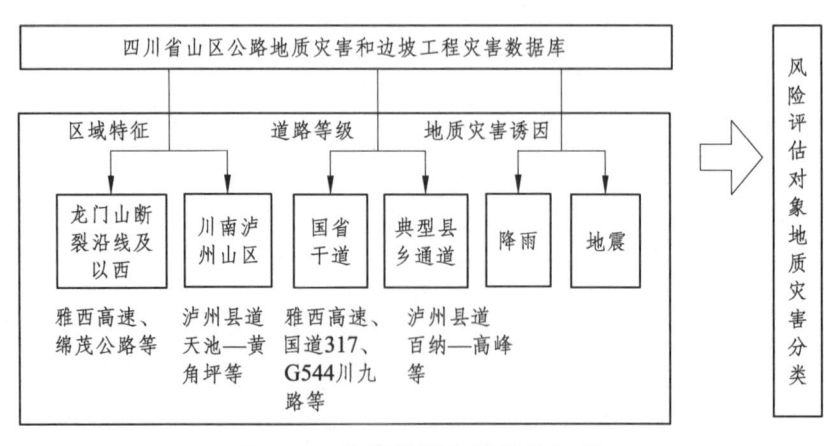

图2.12 代表性调查路段的选择

2.3.2 百纳—高峰段路基水毁现场调查

百纳—高峰段位于 X010 县道，两河镇至高峰段路线长度为 35.713 km，路基宽 4.5~6.5 m，采用水泥混凝土路面，基本达到四级公路标准。其中，两河镇—两河水（K0+000~K13+100）段原路宽 6.5 m，两河水—高峰（K13+000~K28+500）段原路宽 4.5 m，高峰到省界止点段原路宽度 3~4.5 m。X010 线沿清水河右岸布设，沿线走廊河谷狭窄、地形陡峭，加上复杂的地质条件和自然气候条件，在滑坡、泥石流、水毁等众多不良地质病害的侵蚀作用下，道路整体路况较差，抗灾害能力明显不足。以 2015 年 8 月 17 日洪灾为例，受泸州市叙永县强降雨影响，叙永县清水河水位猛涨，流域范围内多处暴发山洪及泥石流、滑坡。X010 县道毗邻清水河路段受洪水及泥石流、滑坡影响严重，造成全线多处断道。

受洪灾影响，道路受损及掩埋段落近百处，主要表现为泥石流、滑坡掩埋、推移路基，洪水冲毁、掏空路基及路基边坡垮塌。路基有效宽度不足，局部路段不足 4 m（路基宽度一般为 4.5~6.5 m）；路基排水系统欠缺，临山侧多为土质边沟，淤积严重，排水不畅；路基防护等级低或无防护，多为干砌结构，且基础埋深不足。临河挡土墙受冲刷损毁严重，养护困难，道路抗灾害能力十分脆弱。路线右侧清水河为永宁河支流，流域长约 30 km，流域面积约为 600 km²。本次洪灾清水河水位暴涨，多处洪水位超过常水位 3~6 m，由于路基临河段防护能力较弱，因此发生多处路基冲毁（图 2.13）及路基临空，形成大量断道及路基病害。

2017 年 3 月 23 日—24 日，研究团队前往百纳—高峰进行路基水毁的现场调查，获取 16 个灾点资料，灾害点最普遍的表现形式为路基掏空，路面板悬空。

图 2.13　洪水冲垮路堤

下面分别列出 1 号、11 号和 13 号灾害工点的现场调查资料表征路基掏空、完全冲毁和路基边坡滑坡三种典型灾害情况，具体见表 2.5～表 2.7。

表 2.5　路基掏空（1 号工点）

工点位置（名称、里程）	太平桥工点（K0+535）；K0+525～K0+545		
破坏形式	右侧约 20 m 临河段被冲毁并将路基填料掏空，掏空深度约 2 m，右侧部分路面板悬空		
破坏程度	能依靠左侧半幅路面临时通行		
危险性指标	枯水时河道宽度/m		26
	平时峰水位/m		3
	河流形态（顺直、弯曲）		转弯，凹岸
	枯水时河道上截面宽度/m		70
	洪水持续时间/h		2～3
	河床质		卵石土
易损性指标	坡度（下）（下边坡坡度用 CAD 中测得的坡度）/(°)		约 56
	坡质（下）		卵石土
	路面拔河高度/m		7.6
	防护措施及类型		有挡墙

表2.6 完全冲毁（11号工点）

工点位置（名称、里程）	鱼洞湾工点；K14+280~K14+625；前三个截面枯水时期道路不临河，最后一个截面临河			
破坏形式	路基水毁严重，局部路段（K14+280~K14+460）完全冲毁			
破坏程度	道路中断			
实测指标	测点位置	凹岸进口	凹岸中心	河道最宽处	凹岸进口
	枯水时河道宽度/m	14	8	35	29
	枯水时河道下截面宽度/m	14	104	182	29
	枯水时河道上截面宽度/m	43	150	192	49
	平时峰水位/m	4.1	—	—	3
	路面拔河高度/m	8.6	8.6	4.8	5.8
	河流形态（顺直、弯曲）	转弯处，凹岸			
	河床质	卵块石土			
	河底纵坡	较为平缓			
易损性指标	路基填料	砂砾石			
	坡度（下）/(°)	约48			
	坡质（下）	块石土			
	路基拔河高度/m	测时水位到路基距离约为3.6			
	防护措施及类型	未设挡墙			

表 2.7 路基边坡滑坡（13号工点）

工点位置 （名称、里程）	环石梁滑坡；K16+800~K17+020	
破坏形式	因左侧滑坡，造成原道路向外推移、下挫严重	
破坏程度	道路完全中断	
危险性指标	河道宽度/m	13
	（平时丰水） 洪水水位/m	3.4
	河流形态 （顺直、弯曲）	凸岸
	路基拔河高度/m	21
上边坡指标	坡度/（°）	54
	上边坡坡形	直线
	坡高/m	28

2.3.3 G317汶川—理县段路基水毁现场调查

国道317（G317）又称为川藏公路北线，起点为四川成都，终点到西藏那曲，长度为2 030 km，后又将终点延伸到西藏阿里地区噶尔县。2019年8月20日凌晨开始持续性大暴雨，导致G317线不同路段开始出现边坡垮塌、泥石流和水毁等灾情，部分路段受损严重、交通中断。本次灾害的最明显特征是受灾点状分布，单点损失大。

2017年6月20日，研究团队前往G317汶川—理县段进行路基水毁的现场调查、获取灾点资料：主要灾害点有7处，其中有3处边坡垮塌，掩埋道路；泥石流冲毁桥梁和路基段落2处，泥石流冲毁急流槽2处；另外还有挡墙损毁段落长度约295 m，圬工约6 020 m³；路面水毁约6 790 m²；主动网损毁约3 580 m²，被动网损毁约1 310 m²；护栏及标志标线损毁6处。

（1）K254+600~K254+687段右侧边坡垮塌（图2.14）。

K254+600~K254+687段右侧边坡受强降雨影响，导致坡体滑塌，纵向长约87 m，高约55 m，垮塌块石碎石堆积并掩埋G317路基，最大垮塌块石达5 m，滑塌方量约为1 500 m³；路基右侧为路堑墙，高3 m，总长30 m，其中发生开裂段长度为10 m。

图2.14 G317线K254+600~K254+687段右侧滑塌物掩埋公路

（2）K146+600~K149+750下庄牛石沟段泥石流（图2.15）。

牛石沟泥石流暴发将牛石沟小桥上部构造冲走，下部结构局部破损，桥下淤塞体未全部清除，桥台破损情况不明。掩埋路面长度约为3.15 km，最高高度约为3 m，平均高度约为2 m，预计清方量约为37 000 m³，沿线护栏、边沟均被破坏，路面受到不同程度损毁。K146+550原为路基填方，受泥石流冲刷，80 m长范围路基被冲毁，路基脱空，但路面暂无裂缝及沉降现象。对汶马高速下庄大桥桥墩也有不同程度影响。

图 2.15　G317 线 K146+600～K149+750 下庄牛石沟段泥石流淹没路面

（3）选取 6 号灾害工点的现场调查资料来表征该路段路基水毁的情况，具体见表 2.8。

表 2.8　路基水毁（G317）

工点位置（名称、里程、经纬度、海拔）	国道 317 线 K137+500 路基水毁；31°27′42″N；103°10′13″E；海拔 1 790 m	
路基损毁长度/m	27	
破坏形式	路基掏空路面板悬空，路面裂缝	
破坏程度	单车道能通行	
危险性指标	河流形态	凸岸
	河床质	卵石
易损性指标	路基填料	黏土
	路面拔河（河面）高度/m	6.3
	防护措施及类型（土堤、砂堤、石堤、混凝土堤）	石堤
上边坡指标	岩性	岩质、土质、土层-基岩

2.3.4 S205 平武段路基水毁现场调查

S205 平武县白马藏乡至林家坝段公路，全长约 170 km，是绵阳至平武、九寨沟的出行通道，是绵阳市主要的纵向客货运交通走廊。2020 年 8 月 10 日 20 时—8 月 18 日 8 时，平武县出现了 6 次暴雨天气，最大降雨量累计 1 198.8 mm，其他地区降雨量普遍超过 500 mm，为历史同期降雨量 5 倍以上，是平武县有气象记录以来的历史之最。区域性的强降雨也导致平武县境内多条河流的水位、流量均超过历史之最。受此次持续强降雨影响，S205 平武段受灾极其严重，如图 2.16 所示。其中，白马藏族乡罗通坝址黄土梁隧道段受灾最为严重，道路完全中断，断道 20 d。

2017 年 11 月 21 日，研究团队前往 S205 平武段进行路基水毁的现场调查。此次沿线调查数据显示，3 座隧道被泥石流掩埋、3 座桥梁被冲毁、6 座桥梁被掩埋，受灾总长约 54 km。

图 2.16 S205 平武段路基水毁现场

选取 1 号灾害工点的现场调查资料表征该路段路基水毁的情况，具体见表 2.9。

表 2.9 路基水毁（S205 平武段）

工点位置（名称、里程、经纬度、海拔）		木座藏族乡；104°33′8″E；32°34′17″N；海拔 1 130 m
路基损毁长度/m		106
破坏形式		路基垮塌
破坏程度		半幅路通行
危险性指标	河道宽度/m	下：30.1；上：55.5
	洪水水位（由洪痕断定）/m	9.6
	河底纵坡	陡
	河流形态	凹岸
	河床质	漂卵石
	河流地形特征	峡谷河段
易损性指标	岸坡基岩	漂卵石
	路基填料	碎石土
	下边坡坡度/(°)	58
	路面拔河高度（平时峰水位到路面高度）/m	枯水期：10
	防护措施及类型（土堤、砂堤、石堤、混凝土堤）	无

2.3.5 川九路沿线边坡崩塌及滑坡现场调查

川主寺至九寨沟公路（简称川九路）位于四川省阿坝州境内，起于松潘县境川主寺，止于九寨沟口，该公路连接九寨沟和黄龙两大世界自然遗产。原有川主寺至九寨沟口公路技术标准偏低，路基路面病害多，排水没有形成系统，交通工程设施极不配套，公路抗灾能力差。"8·8"九寨沟地震后，震区房屋、景区、森林、道路等基础设施受到了不同程度的损坏。

地震发生后，四川省公路规划勘察设计研究院有限公司承担了川九路灾后恢复重建的前期工作任务，在开展详细调查测绘的基础上，2018 年 8 月 25 日—27 日，研究团队再次前往原川九路进行公路沿线边坡崩塌及滑坡的现场调查，获取了 29 个灾点资料，分别选取 1 号、2 号、16 号和 24 号灾害工点的现场调查资料表征该路段崩塌、滑坡、泥石流灾害的情况（表 2.10 ~ 表 2.13）。

表 2.10　危岩体（川九路 1 号工点）

里程	K9+650
标段	1
岩性/土质	强风化砂页岩
高程	1 535 m
不良地质类型	危岩体
几何形态	最大高 40 m，沿公路宽 325 m，坡度 70°以上
塌方量	偶有落石侵入公路，暂无大规模垮塌
与公路关系	紧挨公路，部分高处岩石侵入公路上空
详细描述	川九路 1 号工点位于白水江左岸，拟建公路内侧，为岩质边坡，边坡最大高 40 m 左右，坡度一般为 65°~75°，表层岩体较破碎，沿线路方向边坡岩体结构及稳定性均有一定差异：K9+650~K9+800 段受构造较强烈，岩体产状变化大，加之卸荷影响，岩体较破碎，表层岩体松散，存在不稳定块体，其中 K9+680~K9+700 段前期崩塌较严重，已产生凹腔，路面上有多处前期崩落造成的凹坑；K9+760~K9+800 段岩层产状 312°∠27°，裂隙产状 199°∠64°、273°∠70°，卸荷裂隙走向与线路小角度相交，间距一般为 0.4~1 m，有发生顺层滑动的可能；K9+800~K9+920 段坡脚与线路有一定距离，可作为坠落平台；K9+920~K9+975 段临路，表层岩体破碎，K9+920~K9+940 附近岩层产状 301°∠26°，裂隙产状 155°∠70°、76°∠82°，不良裂隙组合已在坡体中切割出块径大于 4 m 的块体，且侧后缘裂缝已张开，稳定性差，大风大雨天气下有小型落石现象。该段危岩体需分段进行处置
现场图片	

表 2.11 高位滑坡（川九路 2 号工点）

里程	K15+859
标段	1
岩性/土质	表层土石混合体，基岩强风化砂板岩
高程	1 583 m
不良地质类型	高位滑坡
几何形态	后缘高 67 m，底部沿公路宽度 83 m，坡度 60°
塌方量	约 400 000 m³
与公路关系	紧挨公路，部分下滑体侵入公路
详细描述	川九路 2 号工点位于拟建公路内侧，滑坡前缘距离公路约 2 m，滑坡外形呈纺锤形。纵向长度约 330 m，沿公路长约 83 m，滑体厚度大于 10 m，粗估方量约 400 000 m³。周界清晰，后缘及侧壁下错 5~10 m。滑坡体上植被茂密，多乔木，滑坡范围外植被不发育。滑坡前缘可见渗水。滑坡体上可见三级错台。滑坡表层为黄土，黄土下部为碎石，下伏二叠系板岩。滑坡形成时间未知，但在暴雨后有持续下滑迹
现场图片	

表 2.12 高位滑坡（川九路 16 号工点）

里程	K36+600
标段	2
岩性/土质	土石混合体
高程	2 004 m
不良地质类型	高位滑坡
几何形态	后缘高度 161 m，坡脚宽 140 m，坡长约 185 m，坡度约 30°
塌方量	约 10 000 m³
与公路关系	坡脚距公路约 10 m
详细描述	滑坡为土石混合体，以砂土为主，附近基岩为强风化砂板岩，植被疏松，后缘裂缝分布较多，宽度约 5 cm，地下水位较高，降雨时有坡面有渗水现象，并伴有土石滚落，推断该处滑坡有继续下滑迹象，容易引发大规模垮塌，原公路旁设有挡墙，但挡墙下部已被掏空，需重新考虑加固措施
现场图片	

表 2.13　泥石流（川九路 24 号工点）

里程	K58+800
标段	2
岩性/土质	砂石
高程	2 556 m
不良地质类型	泥石流
几何形态	泥石流沟口宽约 200 m，泥石流沟底部宽度约 30 m，上部宽约 45 m
塌方量	—
与公路关系	位于二道拐公路下方
详细描述	川九路 24 号工点处的泥石流沟发源于高山，主要物源为土石，粒径较小，泥石流口扇形宽度约，附近植被茂密，多为高大树木，该处泥石流极易造成公路冲毁，应重点防护
现场图片	

2.4　四川省山区公路地质灾害基本类型

本节对历史灾害调查和补充现场验证调查获取的四川省山区公路地质灾害和边坡工程灾害资料进行整理分析，并基于灾害的发生机理、承灾体等关键因素,对公路沿线的典型地质灾害进行分类:"5·12"汶川地震区公路沿线主要存在滑坡(包括土质与岩质)、崩塌危岩、泥石流三类灾害;雅西高速沿线主要存在滑坡和崩塌两类灾害;百纳—高峰段、G317汶川—理县段、S205平武段沿线主要灾害形式表现为路基水毁;川九路沿线主要灾害形式表现为滑坡、崩塌、泥石流。为了涵盖山区公路的主要灾害类型,本节将山区公路可能遭受的地质灾害确定为崩塌危岩、泥石流、边坡失稳、路基水毁四种类型,后文介绍的风险评估也是针对以上四种地质灾害类型开展的研究成果。

2.4.1 崩塌危岩

在地震作用、降雨冲刷条件下,硬质岩边坡易发生大型崩塌落石,引起砸坏或掩埋路基路面、桥梁、隧道洞口。在高山峡谷地区,地震引发的崩塌落石数量、规模比例远高于降雨诱发。2008年汶川地震所引发的地质灾害就包含了大量公路边坡崩塌落石事件,对震区的公路造成了极为严重的破坏。同时,由于崩塌落石机理复杂,破坏时往往以突然断裂的形式发生,因此往往具有一定隐蔽性、随机性与突发性,给防治工作的开展带来困难。崩塌危岩灾害现场如图2.17所示。

(a)巨石崩落至公路　　(b)地震落石砸坏路基

（c）崩塌体砸坏挡墙　　　　　　（d）崩塌落石掩埋道路

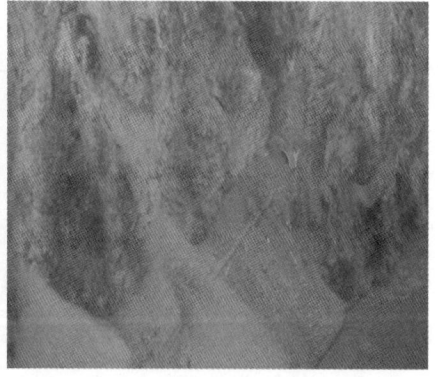

（e）G213彻底关大桥右侧斜坡崩塌　　（f）G213毛家湾隧道出口和
　　　砸毁桥梁　　　　　　　　　　　　　公路被崩塌体掩埋

图 2.17　崩塌危岩灾害现场

2.4.2　泥石流

泥石流是一种由山区坡地上或沟道内的松散岩土体和水体在重力作用下发展而成的快速运动的地质过程。根据泥石流形成的地貌形态特征，可将其划分为坡面型和沟道型两类，前者通常由浅层滑坡发展而成，规模较小；后者由沟道内堆积体侵蚀或堵塞体溃决而成，规模较大、危险性高。泥石流是一种常见的山地自然灾害现象，其分布主要受气候、地质和地貌控制，且在一定的外力作用下，表现出局部区域性特点，比如沿深切割地貌屏障迎风坡密集分布、沿强烈地震带成群分布、沿深大断裂带集中分布、沿生态环境严重破坏地带分布。近年来，随着全球极端气候频现和地震带活动加强，泥石流灾害发生频率增加，泥石流在发展演进过程中对其影响范围内的人类生命财产、基础设施和生态环境等造成了严重危害，主要形式包括淤埋、冲毁、撞击、堵塞河道等，如图2.18所示。

（a）壅塞河道，河流改向冲毁路基

（b）掩埋摧毁公路

图2.18 泥石流冲毁或掩埋公路

2.4.3 滑 坡

滑坡灾害是一种常见的地质灾害，严重威胁公路安全运营，尤其大型高位滑坡的危害巨大，往往掩埋路基、摧毁桥梁、掩埋隧道洞口。该类地质灾害主要发生在山区斜坡地形上坡表堆积厚度较大的覆盖土层，或岩质边坡具有影响稳定性的外倾结构面。发生滑坡灾害的诱因主要包括地震、强降雨或其他外力作用。

1. 地震诱发滑坡

据"5·12"汶川地震、"4·20"芦山地震等造成的公路震害调查成果，强震作用下引发的滑坡类型包括：斜坡土体失稳的大型滑坡、震裂岩体崩滑、斜坡岩土体溜滑的"山扒皮"现象。

（1）大型滑坡。

"5·12"汶川地震地表破裂带两侧，由于强震作用导致多个山体或斜坡失稳，诱发了危害巨大的特大、大型滑坡，直接摧毁村庄、掩埋公路，如图2.19所示。

（a）青川县东河口滑坡　　（b）青川县大水沟村滑坡

图2.19　大型滑坡

（2）震裂岩体崩滑。

临近断裂带的深切峡谷地段，由于长期构造作用基岩岩体破碎、完整性差，在强震损伤结构面强度条件下，引发大量震裂岩体崩滑，造成坡体下方的公路结构物被摧毁或掩埋，如图2.20所示。

(a) 崩滑体摧毁映秀岷江大桥　　　　(b) 崩滑体掩埋公路

图 2.20　震裂岩体崩滑

（3）斜坡岩土体崩滑。

在地震作用下，斜坡上厚度不大、分布范围较广的覆盖土层，连同强风化岩体失稳崩滑，造成大量"山扒皮"现象，如图 2.21 所示，失稳块碎石堆积于坡脚，往往造成公路大段被埋。该类地质灾害常成片发育，山体坡面植被遭到大量损伤，震后数年仍难以稳定，防治难度也较大。

图 2.21　斜坡岩土体崩滑

2. 强降雨引发的滑坡

强降雨引发的滑坡极为常见，严重威胁着公路建设、运营安全。该类滑坡主要发生于堆积体、具有大量浅层覆盖层的斜坡地段以及基岩顺层路段，如图 2.22 所示。

(a）强降雨引发滑坡推移白蜡至高峰乡公路

(b）强降雨诱发田家坝顺层巨型滑坡

图 2.22　强降雨引发的滑坡

3. 其他因素引发的滑坡

部分滑坡发生时并未直接遭受地震、强降雨作用，但由于其他因素（如长期构造损伤、剥蚀侵蚀卸荷等作用），在坡体超过临界平衡点后突然失稳，如"6·24"茂县叠溪镇新磨村山体滑坡（图2.23）。该类地质灾害极具偶然性，预警及防范难度极大。

图 2.23　茂县新磨村高位巨型滑坡摧毁村庄、掩埋公路、堰塞河道

2.4.4 路基水毁

汛期暴雨引起河（溪）谷水位快速上涨，河（溪）谷水位暴涨或集中冲刷可能引发路基淹没、路基冲毁、挡墙垮塌、路堤失稳等路基水毁破坏，如图 2.24 所示。发生路基水毁的公路主要为低位沿溪路线，形成路基坍塌的原因是路基边坡土质松软、坡度过陡、缺乏合理的排水措施以及必要的挡土墙及护坡等防护措施。

(a) 路基淹没 　　　　　　　　(b) 路基部分冲毁

(c) 路基大段冲毁 　　　　　　(d) 路面脱空

(e) 挡墙垮塌　　　　　　　　(f) 路堤部分滑移

图 2.24　暴雨引发的路基水毁病害

第 3 章
地质灾害风险评估方法

国内外地质灾害风险评估方法主要有定性评价方法和定量评估方法两种。本章重点介绍定性评估方法中较为主流的专家评分法，以及定量评估方法中较为经典的物理模型法和优势显著的机器人学习法的原理及特点，为四川省山区公路地质灾害和边坡工程灾害风险评估方法的确定提供了理论依据。

3.1 地质灾害风险评估方法分类

3.1.1 定性评估方法

边坡灾害危险性定性评价方法根据工程经验构建评分系统、流程图、定性描述符等形式的评价标准，以定性评价边坡灾害发生的可能性及灾害发生的规模。其优势是简易便捷、容易理解，可以考虑边坡各种不同的影响因素，适用于大量边坡，因此在公路（铁路）沿线边坡灾害危险性评价方面应用较多。该方法综合考虑各个因素的评分，以得到边坡危险性的相对大小，因此一般适用于定性的危险性估计。由于该方法主要是依据专家经验建立的，主观性较强。但是该方法原理直观、使用便捷，能够清晰全面地考虑边坡灾害的各种影响因素，因此该方法被国内外广泛使用。

边坡危险性定性分析方法起源于 20 世纪 70 年代，目前已在世界各地得到应用。Stevenson[36]于 1977 年提出了一种适用于澳大利亚塔斯马尼亚地区黏土边坡相对滑坡危险性的评价方法，这是较早出现的定性危险性分析方法之一，可作为简易分级系统或初步分级系统，其主要用于评价土地利用及规划中的滑坡危险性，其中，相对危险性的计算是对一些边坡属性的数值进行加权组合，按照评分方案计算危险评分。1990 年，日本建设部门制定了"稳定性评价系统"[37]，用于定性评价日本境内公路沿线岩质边坡的崩塌落石、深层滑坡及泥石流的相对危险性，其主要评价的是地震诱发下发生边坡灾害的可能性，并且考虑了山区公路交通量与历史灾害发生频率。落石灾害风险评级系统（Rockfall Hazard Rating System，RHRS）[38]是用于美国境内公路沿线岩质边坡崩塌落石灾害危险性评价系统，其关注岩质边坡发生崩塌落石的可能性，以及发生后对车辆造成损坏的情况。RTA Slope Risk Analysis Scheme（RTA边坡风险分析方案）是澳大利亚新南威尔士州道路交通管理局于1994年开发推行的一套基于风险矩阵的边坡分级系统。1999年，Baynes和Lee等人对早期分级系统展开了进一步的开发、改进，形成了更加可靠3.0和3.1版本[39]，这两个版本也是澳大利亚目前广泛使用的边坡危险性评级系统。Slope Management and Risk Tracking System（SMART，边坡管理和风险跟踪系统）[40]是用于马来西亚TSR公路沿线边坡灾害管理的分级系统，该系统开发于2004年，包括边坡地理信息系统（GIS）数据库、管理及发布模块、评分系统三部分。评分系统包括不稳定评分（IS）、后果评分（CS）、总分（TS）三部分。其中，IS部分反映边坡失稳可能性，CS部分反映边坡失稳的危害程度，TS为IS与CS的乘积。苏格兰工业部门于1996年开发了Rock Slope Hazard Index System[41]（岩质边坡危险性指标体系），该系统用于确定苏格兰境内道路沿线岩质边坡的相对危险性。与美国RHRS系统相似，该系统也包括初步与详细评价阶段，其危险等级的计算考虑了多个岩质边坡属性，并且考虑了受影响道路的交通量，最终根据计算的岩石坡度危险指数确定后续行动类别。该系统在苏格兰西部高地的Trunk Road路50 km范围内的179个岩石边坡上进行了测试，效果良好。

我国香港于1998年开发了新型边坡挡土墙优先分级系统（NPCS）[42]，该系统适用于大范围公路边坡个体危险性评价，旨在解决大量公路边坡安全评价及优先维修问题，其分级原则是确定边坡失效的可能性和造成的不利后果。

不同地区间各种定性方法之间的比较见表3.1。

表 3.1　不同的定性分级系统比较

国家和地区	主要方法	评价对象 边坡	评价对象 设施	分级方法
中国香港	风险排序；行动优先级	未施工的路堑边坡、挡土墙	所有类型	结合灾害及后果评级的评分系统；专家计算方案
	风险排序；行动优先级	未施工的路堤边坡	所有类型	结合先灾害评级再后果评级的评分系统；专家计算方案
	风险排序；行动优先级；定量分析方法	未施工的路堑边坡、路堤边坡和挡土墙	所有类型	以灾害评级为重点的评分系统；专家计算方案
美国	初步排查；风险排序；行动优先级；初步估计	岩质路堑边坡	公路	以灾害评级为重点的评分系统；混合方案
加拿大	风险排序；行动优先级	岩质路堑边坡	高速公路	灾害评级系统；混合方案
澳大利亚	风险排序；行动优先级	人工边坡，但是初始状态为岩质路堑边坡	初级公路	结合灾害评级和后果评级的风险矩阵；专家判断方案
	风险排序；土地使用规划	黏土边坡	不同的土体利用设施	结合简易灾害和后果评级的评分系统；专家计算方案
马来西亚	风险排序；行动优先级	所有类型边坡（包括自然边坡）	初级公路	结合灾害评级和后果评级的评分系统；专家计算方案
日本	风险排序；行动优先级	岩质边坡、深层滑坡、泥石流	公路	以灾害评级为重点的评分系统；专家计算方案
新西兰	风险排序；行动优先级	路堑边坡、路堤边坡	公路	结合简易灾害评级的评分系统；混合方案
英国	风险排序；行动优先级	岩质边坡	公路	结合简易灾害评级的评分系统；混合方案

相比我国香港，我国内地针对边坡危险性评价的系统性方法及相关规范的发展较晚。《高速公路路堑高边坡工程施工安全风险评价指南（试行）》[43]于2014年发布，该指南用于评价和控制路堑高边坡施工阶段的安全风险，分为总体风险评价和专项风险评价，其中专项风险评价包括施工前专项风险评价和施工过程专项风险评价。但该指南主要针对施工期的边坡灾害，而未关注公路运营期沿线的边坡灾害。2014年发布的《铁路建设工程风险管理技术规范》[44]是针对铁路建设期沿线边坡灾害风险管理的相关规范要求。这两部规范的内容涵盖可行性研究阶段风险管理、初步设计阶段风险管理、施工图阶段风险管理、施工阶段风险管理，介绍了各阶段的施工危险性因素选取及管理技术要点。线路建设期边坡危险性评价主要是为施工安全服务的，所以主要针对施工各方面的危险性和典型特点，往往会在评价中考虑施工季节是否在雨季、施工周边环境状况以及设计资料完整性等影响因素。与线路建设期公路边坡不同，运营期公路边坡主要关注的是公路在使用中的安全性问题，因此运营期公路边坡危险性评价方法主要考虑沿线边坡灾害的发生可能性及对公路运营安全造成的影响。随着我国山区公路通车里程迅速增加，运营期公路两侧边坡的危险性评价及防范成为了亟待解决的重要问题。2019年发布的《在役公路边坡工程风险评价技术规程》[45]是我国第一部针对公路运营期边坡灾害风险评价的技术规程。该规程旨在规范在役公路沿线边坡灾害的评价，提高边坡管理养护能力，科学规范边坡灾害危险性及风险性评价，保障边坡工程安全。该规程包括灾害易发性评价、危害性评价、风险评价三大部分，且给出了建议的指标体系、权重、计算公式、风险分级标准。这部规程的推出，为国内在役边坡灾害危险性评价提供了一个可参考的模式。但是，该规程是基于通用的工程建设理论和原则编制的，因此仅适用于通用情况。而我国不同地区的地形地貌、地质条件差异极大，导致各类地质灾害的致灾机理、发育情况也有很大差别，如果直接使用该规程中相同的危险性评价方法及标准，对不同地区的边坡灾害进行危险性评价，这样得到的评价结果可能会在某些地区（尤其是灾害发育较复杂的地区，如四川等）表现出较大的误差。因此，亟待开发一种针对公路运营期的，适用于大量边坡的新型危险性定性评价方法。

此外，现有边坡灾害危险性评价方法大多采用一次性评价的方式，而我国地质灾害严重，某些地区的边坡灾害数量巨大，若采取一次性评价的方式，工作量巨大，很难具体实行。并且，在数量巨大的边坡灾害中，有相当一部分边坡灾害的危险性实际很小，完全可以利用较粗略的方法排除它们的危险性。也就是说，对沿线全部边坡均进行同等详细程度的评价是一项不经济且没有必要的工作。因此，需要开发一套包括不同详细程度评价阶段的危险性评价方法。

3.1.2 定量评估方法

边坡灾害危险性定量评价方法能够得到不同危险等级灾害发生的可能性，并通过概率值、隶属度等方式定量地描述该可能性的大小，然后根据得到的不同危险等级的概率分布，对边坡灾害危险性等级作出评价。这类方法的特点是：一般基于历史上的灾害数据建立危险性评价模型，较少掺杂人为经验的因素，因此说服力更强；由于是基于数据生成的评价模型，对数据的质量要求较高，噪声过大或质量较差的数据可能导致基于此生成的评价模型无法代表灾害的真实情况，且在选取评价指标时，无法考虑特别详细的影响因素（不同于定性评价方法可以考虑较多详细的影响因素）。这是因为如果评价指标越多，那么要从数据中挖掘每一个评价指标的影响规律，就需要大量的历史数据，这在现实中往往是难以实现的。目前，边坡灾害危险性定量评价方法主要分为物理力学模型法和机器学习法两类[46]。

物理力学模型法包括极限平衡分析法和数值分析法。

（1）极限平衡分析法。

极限平衡分析法[47]在边坡上假定一滑面，将滑面以上土体视为滑动体，计算出作用于滑动体上的力系达到静力时所需的岩土抗力，再与滑面实际所能提供的岩土抗力相比较，以求得稳定性安全系数。这种方法绕过了岩土边坡的弹塑性变形过程，直接求解极限状态下的极限荷载，计算原理简单，因此在工程中应用广泛[48-52]。

（2）数值分析法。

数值分析法主要包括有限单元法、有限差分法、离散单元法等方法。

① 有限单元法[53-55]是把研究对象划分为有限个单元，并根据各单元的几何、平衡和本构方程，形成整体刚度矩阵，然后结合边界条件和荷载条件对节点的应力应变进行求解。

② 有限差分法[56-58]是一种近似方法。该方法首先将研究对象划分为有限个差分网格，以代替连续的研究域，然后在各网格点上存储待求变量，并用差分方程代替偏微分方程，以得到离散点上的有限个未知变量的差分方程组，最后求解该差分方程组得到待求变量。

③ 离散元法[59-61]起源于20世纪70年代，该方法从早期的分子动力学发展而来。离散元法首先将所研究的区域划分成刚性单元，且每个单元满足牛顿运动定律，用中心差分法求解各元素的运动方程，得到各单元间的运动状态。

物理力学模型方法的优势是能够得到比较精确的计算结果，但前提是基于准确描述该问题的物理力学模型，且需要获取每个计算点的详细物理力学参数，而这在工程实践中往往是难以实现的，因此物理力学模型方法难以适用于大范围的边坡危险性评价。

机器学习法在近年来逐渐成为解决大范围边坡灾害危险性评价的有效方法，原因是该方法只需要获取待评价边坡的岩性分类、岩体结构分类、几何特征等属性，而无需通过耗时且繁琐的现场及室内土工试验获取边坡的详细力学参数，计算速度较物理力学模型方法快，且精度较专家经验法更高。

综上，在目前主要存在的两类定量边坡危险性评价方法中，物理力学模型方法由于其依赖于非常准确、详细的物理力学模型和参数，不适用于大范围危险性评价；而机器学习法由于其无需详细力学参数，且在计算速度和精度上能达到较高的水平，因此在定量边坡危险性分析方法中得到了广泛的应用。

3.2 专家评分法

专家评分法主要是基于专家经验建立的一套评分标准，利用该评分标准可以对任一灾害点进行风险评价。具体来说，评分表中的评分标准是由各评价指标的分级标准组成。由于该方法易于理解和推广，且可靠性较强，专家评分法是国内外地质灾害风险评估的应用最为广泛的方法之一。目前在全球范围内，美国、加拿大、澳大利亚、日本、新西兰、苏格兰、马来西亚等地区均采用了专家评分法对地质灾害（主要是边坡灾害）进行风险评价。其中，最具有代表性是落石灾害风险评级系统（RHRS）和边坡及支挡结构新型优先分类系统（NPCS），下文将对这两种方法的原理和使用流程进行详细介绍。

3.2.1 RHRS

RHRS 用于管理高速公路岩质边坡落石灾害，它可以指导决策人员和设计人员对边坡进行相关设计、管理、风险控制工作，通常包括以下6个步骤：

（1）边坡调查：建立落石灾害的地理信息基础。

（2）初步评级：将落石边坡根据尺寸规模、管理规模分为 A、B、C 三类。

（3）详细评级：对已识别的落实边坡根据危险性从小到大排序。

（4）初步设计和成本估计：补充落石灾害地理信息基础。

（5）项目识别与开发：推进落石边坡改造项目建设。

（6）每年的重新评价和信息更新：更新落石边坡信息和风险。

值得注意的是，RHRS 中包括了初步评级和详细评级两次过程。初步评级一般和边坡调查一起进行，其目的是对评估区域的边坡进行初步评估，初步筛选可能有高风险的落石边坡进行详细评估，这样做使整个评估步骤更加科学，节约工作量和时间。边坡调查过程中应该时刻保持客观的态度。

1. 边坡调查

边坡调查的目的是收集有关落石灾害发生位置的具体信息，这一步是 RHRS 中最基本的一步，只有通过边坡调查，才能理解所面临的落石问题的严重程度。在边坡调查之前，首先要明确落石边坡的准确概念，在 RHRS 中，落石边坡的定义为沿高速公路两侧分布的存在落石灾害发生模式的边坡。

RHRS 中建议在边坡调查过程中需要两个人，一个是评估人员，负责对边坡进行调查和初步评估；另一个是公路养护人员，公路养护人员应该对高速公路边坡落石历史事件及养护过程有清楚的了解。

公路养护人员所提供的有关高速公路的历史资料在边坡调查过程中起着重要的作用，过去发生的落石事件对将来的边坡落石事件有指导意义。但是，对过去落石事件通常没有很多详细的文字记录，边坡调查因此也提供了一个将历史边坡落石事件记录的机会。在边坡调查过程中，应该包括以下信息：落石发生地点；落石发生频率；一年中落石发生最多的时间段；每次掉落石块的尺寸（或掉落石块质量）；掉落石块的物理特征；石块掉落前位置；落石历史事件；造成落石的原因分析；沟渠清洁/道路巡检频率；维修成本估计。

以上信息在边坡调查过程中应重点记录，并以表格形式记录。除了记录灾点文本信息外，还应当获取并保存现场灾点的照片。通过比对分析灾点随时间推移而出现的现场情况，帮助调查者更容易地发现灾害点的变化，从而更新灾害点信息。

2. 初步评价

初步评价是通过简单且重要的指标对灾害点进行第一次评价，筛选出风险较高的灾害点，以便于进行第二次评价。初步评价阶段避免了在大量的低中风险灾害点上浪费大量的评价时间，节省了风险评价的工作量。初步评价的目的是将所有调查过的边坡分为三个类别（表3.2），初步评价设计主要依靠相关经验性的主观判断。

评价边坡落石发生的潜在可能性时要考虑以下几个方面：落石物的物理特性；落石的体积和质量；落石的数量。

评价边坡落石历史活跃程度时要考虑以下几个方面：落石事件发生频率；落石物统计；落石尺寸统计；清理频率。

表 3.2　初步评价系统

标准	风险类别		
	A	B	C
边坡落石发生的潜在可能性	高	中等	低
边坡落石历史活跃程度	高	中等	低

A级表示边坡落石风险极高，这类边坡发生落石事件的可能性较大，并且紧靠高速公路，落石体可以直接侵入高速公路范围内。B级表示边坡落石风险中等，这类边坡具有一定发生落石的可能性，并且落石体也有影响高速公路的可能性。C级表示边坡发生落石事件的概率很低，或者发生落石但影响高速公路的可能性很低（C代表了高速公路边坡落石风险最低的一类边坡）。

A级是详细评价的主要对象；B级边坡在资金和时间的充足的前提条件下也应纳入详细评价，C级边坡则不需进行任何措施。初步评价中的A、B、C类风险的典型边坡如图3.1所示。

（a）A 类边坡　　　　　　　（b）B 类边坡

（c）C 类边坡

图 3.1　各风险类别代表性边坡

由于 RHRS 是一种前瞻性的系统，主要针对的是某个灾害点的崩塌潜在可能，因此"边坡落石发生的潜在可能性"是初步评价的控制因素，而"边坡落石历史活跃程度"指标仅作为初步评价的补充。例如，如果某边坡呈现出较高的崩塌可能性（如边坡上存在较大的、位移明显的岩石块体），那么不管"边坡落石历史活跃程度"如何，该边坡都应该判别为 A 类风险。例如，根据"边坡落石发生的潜在可能性"无法将某边坡判别为 A 类或者 B 类时，若公路养护人员判断该边坡的"边坡落石历史活跃程度"为高，那么该边坡应该判定为 A 类风险。

3. 详细评价

详细评价是对初步阶段筛选出来的高风险边坡进行二次评价。详细评价阶段首先对灾害点进行评分（得到具体的风险分值），然后再根据评分得到灾害点的风险等级。详细评估的目的是定量地评估落石边坡风险，最终以分数的形式体现，分数越高则表示边坡发生落石的风险越大。评估分数将被用于边坡的防护设计和决策考虑。详细评价需要详细考虑 12 个因素，具体评价标准见如表 3.3 所示。

表 3.3　RHRS 详细评价标准

影响因素			评价标准及得分			
			3 分	9 分	27 分	81 分
坡高/ft			25	50	75	100
渠道作用			良好	中等	较差	无
平均车辆风险			25%	50%	75%	100%
视距			100%	80%	60%	40%
高速公路宽度/ft			44	36	28	20
地质特征	等级 1	结构条件	不连续节理，存在有利层向	不连续节理，层向随机分布	不连续节理，存在不利层向	连续节理，存在不利层面
		岩石摩擦角	粗糙，不规则	波纹状	平行状	黏土填充，岩石光滑面
	等级 2	结构条件	有少量风化迹象	有一些风化迹象	许多风化迹象	大量风化迹象
		风化程度	弱风化	中风化	强风化	完全风化
落石尺寸/ft			1	2	3	4
落石体积/m³			3	6	9	12
气候和坡面水情况			降水量少；无结冰期；坡面无水	降水量中等；短结冰期；坡面间歇性有水	降水量多或者长结冰期；坡面持续有水	降水量多并且长结冰期；坡面在长结冰期时持续有水
边坡落石历史情况			很少落石	偶尔落石	有一些落石	经常落石

注：1 ft=0.304 8 m。

随着边坡危险性的增加，评估分数从 3～81 按照指数趋势增长，从而提升了高风险落石边坡的分值，有利于增加高风险边坡的分辨率。表 3.3 所列分数为四个固定的数值，但评估者可以根据具体情况在 0～100 中打分，表中的分数更适合初次从事评估工作者直接使用，这样可以缩短判断过程、减少工作量。

在上述评分标准中，连续型指标（如边坡高度、车辆平均高度、反应视距比、道路宽度、岩体尺寸、崩塌体积）仅仅提供了若干固定值对应的评分值。为了得到指标任一数值对应的分数，采取图像的方式取点：首先制作分数随指标数值变化的曲线图，然后根据具体的指标数值查对应的评价分数。边坡高度的评分取值如图 3.2 所示。

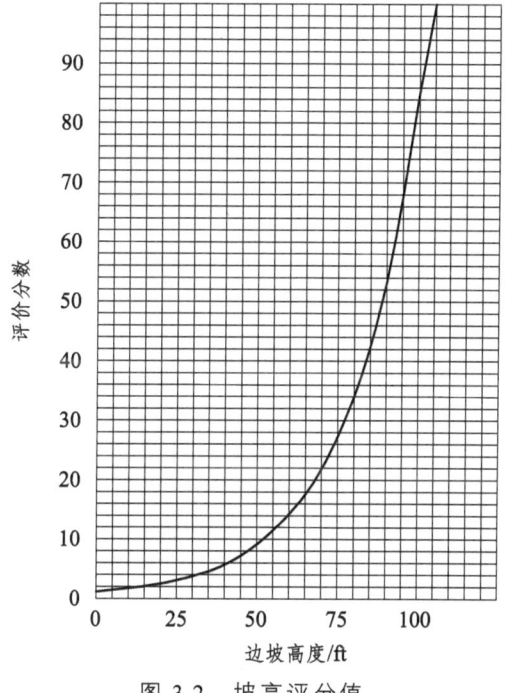

图 3.2 坡高评分值

与上述指标曲线图对应的是，可以直接利用公式计算评分值。将指标任一数值代入表 3.4 中的对应公式计算出指数 X，然后再将 X 代入公式 $y=3^X$ 计算各指标的评分值。

表 3.4　指数 X 的计算公式

边坡高度（ft）：$X = \dfrac{\text{边坡高度}}{25}$	道路宽度（ft）：$X = \dfrac{52 - \text{道路宽度}}{8}$
平均车辆风险（%）：$X = \dfrac{\text{平均车辆风险}}{25}$	岩体尺寸（ft）：$X = \text{岩体尺寸}$
视距（%）：$X = \dfrac{120 - \text{决策视距}}{20}$	崩塌体积（m³）：$X = \dfrac{\text{崩塌体积}}{3}$

3.2.2　NPCS

边坡及支挡结构新型优先分类系统（NPCS）是我国香港地区开发的一套针对不同类型边坡及支挡结构的公路边坡风险的分级评估方法。该分级系统针对土质开挖边坡、岩质开挖边坡、填土边坡和挡土墙分别提供了一种风险评价标准，下文将详细介绍该系统的土质开挖边坡部分。土质开挖边坡包括不稳定评分和后果评分两部分。土质边坡的几何特征定义如图 3.3 所示，几何分类如图 3.4 所示。

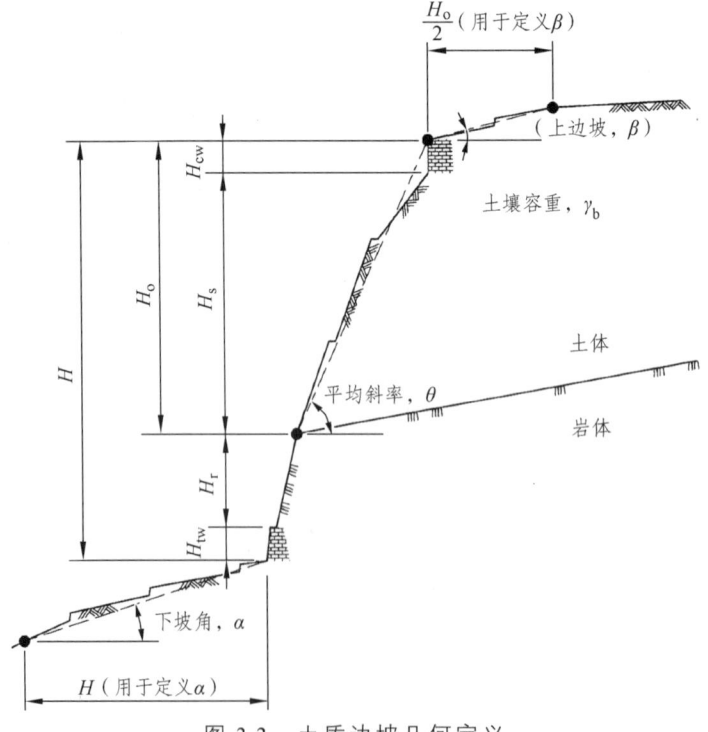

图 3.3　土质边坡几何定义

图 3.4　几何分类

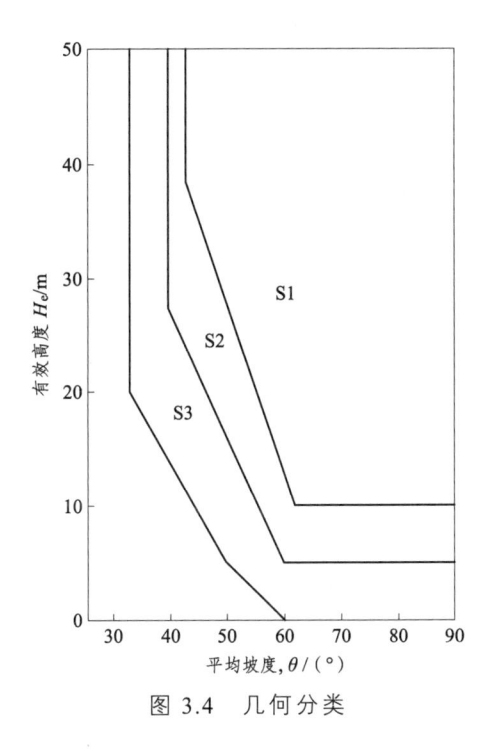

1. 不稳定评分

不稳定评分是对防护措施的主观工程评价，以及对失稳影响因子的客观评价。考虑的影响因素及其评分范围见表 3.5。

表 3.5　不稳定评分影响因子及评分标准

影响因素	类别	评分
边坡几何特征（A）	S1	60
	S2	40
	S3	20
	S4	0
破坏迹象（B_1）	严重变形迹象，例如：坡顶存在大的拉裂缝；沟渠和平台存在变形、严重裂缝、凸起	40
	较小的变形迹象，例如存在裂缝的泥土、损坏的沟渠	20
	合理情形（包括表面小的随机裂缝）	0

续表

影响因素	类别	评分
历史失稳（B_2）	大	40
	较大	20
	小	10
	无	0
表面进水（C_1）	土质边坡和坡顶区域基本无保护	15
	土质边坡或坡顶区域基本无保护	10
	土质边坡或坡顶区域或两者都部分未被保护，但并非两者都大部分未保护	5
	土质边坡或坡顶区域或两者都大部分未被保护	0
表面水排水设施（C_2）	很少或没有沟渠，且存在坡顶表面水汇流	15
	很少或没有沟渠	10
	存在一些沟渠但尺寸数量不足	5
	合适的沟渠	0
排水性能（C_3）	存在潜在的渗漏和渗漏迹象	15
	存在潜在的渗漏但没有渗漏迹象	10
	没有潜在的渗漏	0
渗流（C_4）	坡高一半及以上存在严重渗流	15
	坡高一半及以上存在轻微到中等渗流，或坡高一半以下存在严重渗流	10
	坡高一半以下存在轻微到中等渗流，或土质边坡（坡顶墙）存在渗流迹象	5
	没有渗流迹象	0
自然/形成边坡材料特性（D）	好：花岗岩和火山岩风化土，主要由第4级材料组成	0
	不确定A类：不确定但介于好和中等材料之间	10
	中等：花岗岩和火山岩风化土，主要由5级材料组成；除花岗岩和火山岩以外的岩质（任一级）的风化土；更新世岩崩积层（地质图上的Q^{pd}）	20

续表

影响因素	类别	评分
自然/形成边坡材料特性（D）	不确定 B 类：不确定但介于中等和差之间的材料；不确定且可能是任何材料	30
	差：残积土；所有风积土除了更新世纪层	40
工程判断（E）	必要防护措施的可能性 — 高度可能	60
	必要防护措施的可能性 — 可能	30
	必要防护措施的可能性 — 不可能	0

2. 后果评分

后果评分反映的是边坡失稳造成的后果。按设施类型和邻近程度分为五类：

一类：任何住宅建筑，商业办公室，商店，酒店，工厂，学校，发电站，紧急仓库，商店，医院、联合诊所、诊所，社会福利中心。

二类：建成区。

三类：密集使用开放空间和公共等待区域。

四类：轻微使用的露天游乐场。

五类：偏远区域。

后果评分影响因子及分数范围具体见表 3.6。

表 3.6　后果评分影响因子及分数范围

影响因素		分数范围
坡顶设施类型和邻近程度（F）	一类	4
	二类	2
	三类	1
	四类	0.5
	五类	0.1

续表

影响因素		分数范围
坡脚设施类型和邻近程度（G）	一类	4
	二类	2
	三类	1
	四类	0.5
	五类	0.1
上边坡和下边坡地形（J）	（i）上边坡坡角 β<35 且下边坡坡角 α<15	0
	（ii）上边坡坡角 $\beta \geq 35$	0.3
	（iii）下边坡坡角 $15 \leq \alpha < 30$	0.6
	（iv）下边坡坡角 ≥ 30	1.2
	（v）情形（ii）且情形（iii）	0.9
	（vi）情形（ii）且情形（iv）	1.5
后果因子（K）	1	1.25
	2	1
	3	1

根据表 3.5～表 3.6 分别计算不稳定评价和后果评价的各因子分值之后，利用公式 $IS = A + B_1 + B_2 + C_1 + C_2 + C_3 + C_4 + D + E$ 计算不稳定评价的最后分数，利用公式 $CS = K(F + GJ)V$ 计算后果评价的最后分数，最后通过公式 $TS = (IS \cdot CS)/100$ 得到土质开挖边坡风险评价的总分数。

3.3　物理模型法

物理力学模型法通过建立地质体的物理力学模型，并考虑在外力或内力的作用下，模拟发生地质灾害的风险以及可能产生的后果。该方法往往考虑了地质灾害岩土体的力学发展特性，在一定条件下具有较高的精度。目前较为常用的物理力学模型法主要包括刚体极限平衡法和强度折减数值计算法两类。

3.3.1 刚体极限平衡法

刚体极限平衡法是以刚体极限平衡理论为基础，在假定滑体沿滑动面发生刚性滑动破坏的基础上，利用极限平衡理论对边坡失稳进行分析。该方法认为土体的力学行为可用以摩尔-库仑抗剪强度理论表达，再将潜在滑动面范围内的坡体按一定比例分为若干条块，然后根据条块间的极限平衡条件建立静力平衡方程，进而根据方程计算滑体的安全系数并评价坡体的稳定性。滑动面可以假定为折线形或圆弧形，根据所假定滑动面形状的不同而采用不同的计算方法。应用较多的刚体极限平衡法主要包括简化 Bishop 法、Morgenstern-Prince 法、通用条分法等。

1. 简化毕肖普（Bishop）法

简化 Bishop 法的优势在于考虑了条块间的水平作用力，因而其计算结果具有更高的准确性。简化 Bishop 法假定滑面为圆弧滑面，它在计算中忽略了条间的竖向剪力作用，属于非严格条分法。图 3.5 所示为简化 Bishop 法的计算原理。在均质土坡稳定性分析中，简化 Bishop 法的计算精度与考虑竖向剪力的严格法基本一致，因而在工程分析中具有广泛的适用性。简化 Bishop 法是《建筑边坡工程技术规范》（GB 50330—2013）推荐采用的计算方法，计算公式为

$$F_s = \frac{M_r}{M_s} = \frac{\sum(N_i \tan\phi_i + c_i l_i)}{\sum W_i \sin\alpha_i} \quad (3-1)$$

式中，M_r 为抗滑力矩，N·m；M_s 为滑动力矩，N·m；N_i 为土条 i 底部的法向力，N；W_i 为土条 i 的重力，N；c_i、ϕ_i 为土条 i 的抗剪强度参数；α_i 为土条 i 底部的倾角，°；l_i 为土条 i 的长度，m。

（a）条分模型

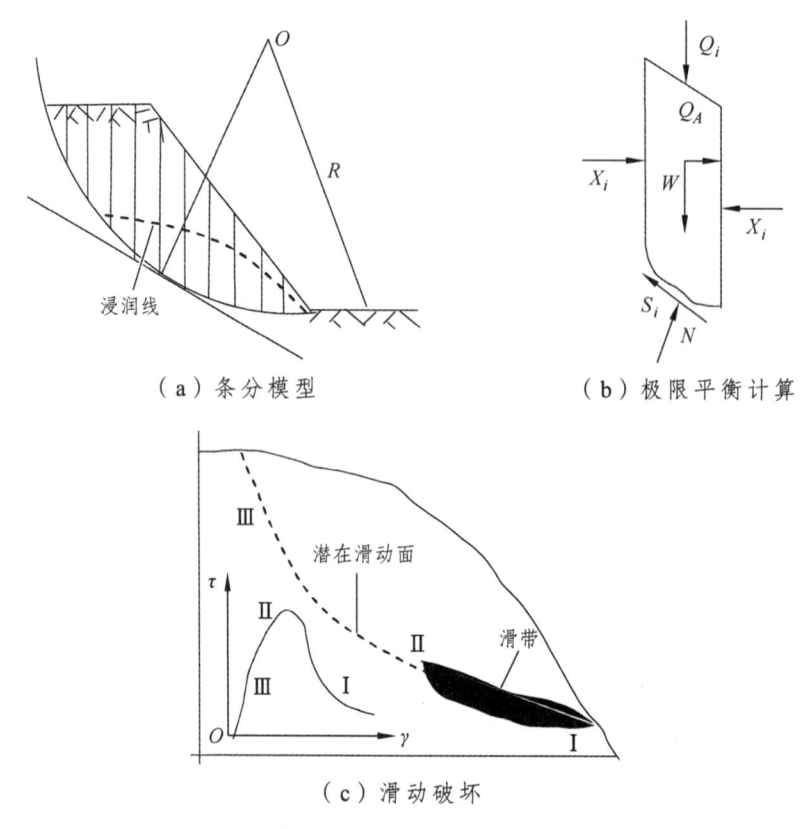

（b）极限平衡计算

（c）滑动破坏

图 3.5　简化 Bishop 法计算原理及模型

上述方法适用于具有圆弧形滑面的边坡稳定性计算。对于任意滑面的情形，苏振宁等[62]采用积分中值定理推导了对应的 Bishop 安全系数计算式（式 3-2），该计算公式拓展了它的应用范围。

$$F_s = \frac{\int_l \tau_f dl}{\int_l \tau dl} = \frac{\sum(N_i \tan\phi_i + c_i l_i)}{\sum W_i \sin\alpha_i} \qquad (3-2)$$

式中，$\int_l \tau_f dl$ 为任意滑面上的滑动力，N；$\int_l \tau dl$ 为任意滑面上的抗滑力，N。

卢玉林等[63]假定浸润线为抛物线形式，推导了渗流作用下黏土边坡安全系数的简化 Bishop 法计算公式（式 3-3），并通过计算机程序实现了数值解。

$$F_s = \frac{\int_x \frac{1}{m}\left[c\mathrm{d}x+(\mathrm{d}W-\mathrm{d}U\cos\theta)\tan\phi\right]}{\int_l \frac{1}{m}\mathrm{d}W\sin\theta} \quad (3\text{-}3)$$

式中，m 为隐式系数，$m=\cos\theta(1+\tan\phi\tan\theta/F)$，1/N；$W$ 为土条自重，N；U 为水土压力，N。

2. 摩根斯坦-普拉斯法（Morgenstern-Prince）法

Morgenstern-Prince 法是严格条分法，其每一条块均能严格满足力和力矩的平衡条件，且该方法不要求滑面是圆弧形的，适宜于一般情况下的边坡的稳定性分析计算。Morgenstern-Prince 法建立的平衡方程数目较多，为便于计算在平衡分析中引入了条间力函数 $f(x)$，并假定条块间剪切力 X 与法向力 E 满足关系式 $X=\lambda f(x)E$（λ 为比例常数）。当 $f(x)$ 取常数 1 时，Morgenstern-Prince 法与斯宾塞（Spencer）法等价。

徐计云等[64]对传统 Morgenstern-Prince 法安全系数 F_s 和比例常数 λ 的计算提出了迭代计算公式，只需经过简单迭代便可得到收敛解。

$$F_s = \frac{\sum_{i=1}^{n-1}\left(R_i\prod_{j=i}^{n-1}\psi_j\right)+R_n}{\sum_{i=1}^{n-1}\left(T_i\prod_{j=i}^{n-1}\psi_j\right)+T_n} \quad (3\text{-}4)$$

$$\lambda = \frac{\sum_{i=1}^{n}\left[b_i(E_i+E_{i-1})\tan\alpha_i+K_cW_ih_i+2Q_i\sin\omega_ih_i\right]}{\sum_{i=1}^{n}\left[b_i(f_iE_i+f_{i-1}E_{i-1})\right]} \quad (3\text{-}5)$$

式中，R 为抗滑力，N；T 为下滑力，N；ψ 为传递系数，无量纲；K_c 为地震影响系数，无量纲；Q 为坡面上外荷载，N；ω 为其与竖线夹角，°。

邓东平等[65]通过改变条分数、边坡高度和边坡角度等参数，采用

Morgenstern-Prince 法对圆弧和任意滑面形状边坡的稳定性进行了计算，结果发现条间力函数 $f(x)$ 取 0.1、0.5、1.0 或半正弦函数对计算结果影响不大。梁冠亭等[66]采用改进的 Morgenstern-Prince 法对抗滑桩支护边坡的稳定性进行了计算，通过引入自适应遗传算法准确地搜索到了坡体最危险滑动面的位置，并分析得到了支护结构的受力规律及其与边坡稳定性的关系。

3. 通用条分法

通用条分法是基于静力平衡方程的一般形式与边界条件，并严格考虑所有力和力矩的作用及其平衡，由此建立的一种条分分析方法。在通用条分法中力和力矩的平衡方程计算式为：

$$\cos(\phi'-\alpha+\beta)\frac{dG}{dx} - \sin(\phi'-\alpha+\beta)\frac{d\beta}{dx}G = -p(x) \quad (3-6)$$

$$G\sin\beta = -y\frac{d}{dx}(G\cos\beta) + \frac{d}{dx}(y_i G\cos\beta) + \eta\frac{dW}{dx}h_e \quad (3-7)$$

其中

$$p(x) = \left(\frac{dW}{dx}+q\right)\sin(\phi'-\alpha) - r_u\frac{dW}{dx}\sec\alpha\sin\phi' + c'\sec\alpha\cos\phi' - \eta\frac{dW}{dx}\cos(\phi'-\alpha)$$

式中，G 为土条垂直侧边上的总作用力，N；W 为土条自重，N；α 为坡面倾角，°；β 为作用力与水平线的夹角，°。

陈祖煜等[67]在分析 Fredlund 极限平衡法的基础上推导出边坡稳定静力微分方程的闭合解，并编制了相应的求解计算程序 STAB（边坡稳定分析程序），为通用条分法的工程应用作出了重要贡献，各种极限平衡分析方法基本原理见表 3.7。

表 3.7　极限平衡法计算原理比较

分析方法	条间力假定			静力平衡条件				滑面形状
	H_i	V_i	合力方向	M	M_i	F_h	F_v	
瑞典圆弧法	×	×	无	✓	×	×	×	圆弧
简化 Bishop 法	✓	×	水平	✓	×	✓	×	圆弧
Morgenstern-Prince 法	✓	✓	$V_i/H_i=\lambda f(x)$	✓	✓	✓	✓	任意
Spencer 法	✓	✓	$V_i/H_i=\lambda f(x)$	✓	✓	✓	✓	任意
通用条分法	✓	✓	计算确定	✓	✓	✓	✓	任意

注：M 为整体力矩平衡，M_i 为条块 i 力矩平衡，F_h 为条块水平方向力的平衡，F_v 为条块垂直方向力的平衡。

3.3.2　强度折减数值计算法

强度折减数值计算法考虑了边坡失稳破坏过程中土的应力-应变关系。随着高性能计算机技术的发展和岩土强度理论的进步，数值计算方法如有限元法（PLAXIS、ABQUS）、离散元法（PFC）、边界元法（BEM）和拉格朗日法（FLAC）等在工程分析中的应用日益广泛。

1. 计算原理

强度折减数值计算法的基本原理是，将岩土材料的黏聚力和内摩擦角等抗剪强度参数进行折减，用折减后的参数进行边坡稳定性计算。不断降低强度参数直至边坡失稳破坏为止，破坏时的折减数值即为坡体的安全系数。

$$\begin{cases} c_F = c/F \\ \tan\phi_F = \tan\phi/F \end{cases} \quad (3-8)$$

式中，c 为折减前土体的黏聚力，kN；c_F 为折减后土体的黏聚力，kN；ϕ 为折减前的内摩擦角，°；ϕ_F 为折减后的内摩擦角，°；F 为强度折减系数。

强度折减数值计算法不需要作繁琐的条分计算，也不需要假定潜在滑动面的位置和形状，程序可严格依照实际地质条件分析坡体滑动破坏的自然过程。图 3.6 所示为采用 FLAC3D 和 PFC2D 计算得到的某黏质土坡安全系数、剪切应变增量云图及速度矢量图。

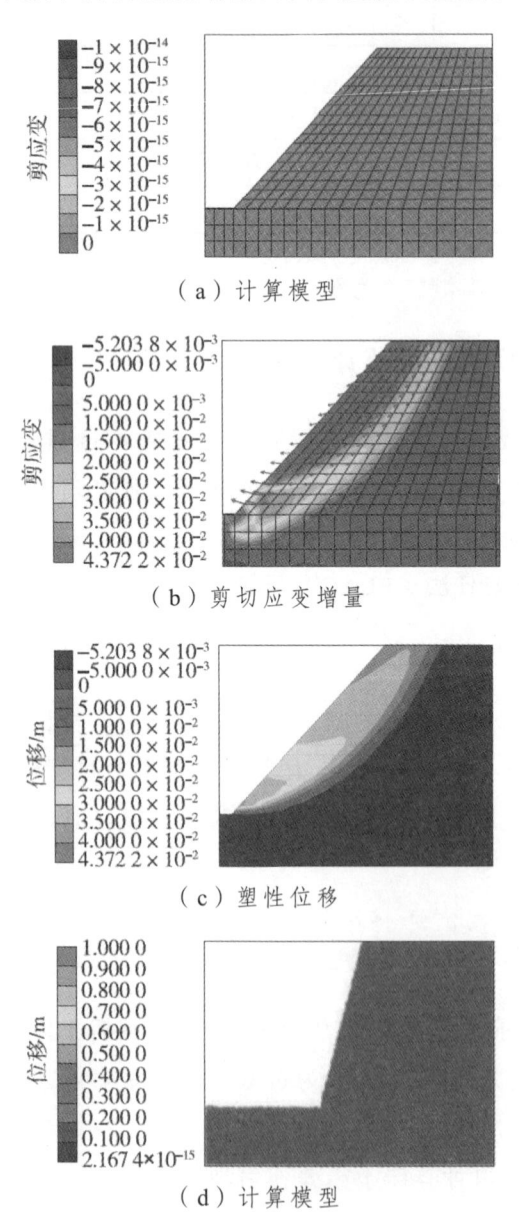

（a）计算模型

（b）剪切应变增量

（c）塑性位移

（d）计算模型

（f）颗粒位移幅度

（g）连通滑动面

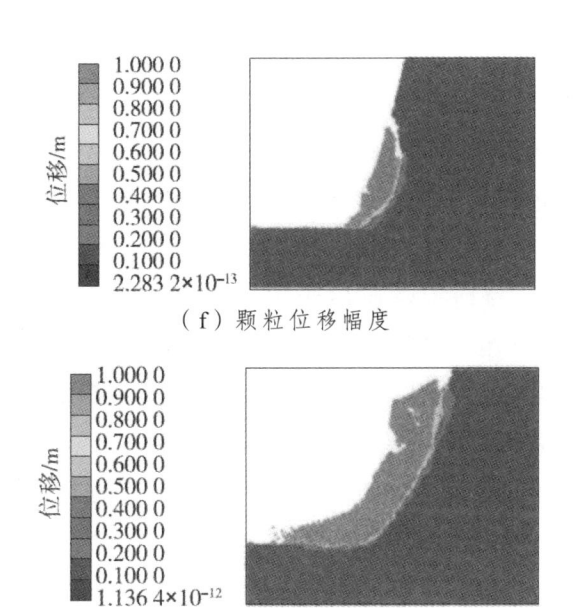

图 3.6　强度折减法数值计算示例

2. 失稳判据

强度折减法通常以位移突变、塑性区贯通和数值计算不收敛作为边坡失稳的判据，具体来说有以下 3 类判据：

（1）坡顶的竖直位移或坡脚的水平位移突然大幅度增加，则认为边坡失稳。

（2）坡脚至坡顶的塑性区范围不断扩大直至贯通，则认为边坡失稳。

（3）程序计算无限制运行，无收敛迹象则认为边坡失稳。

对于严格遵从弹塑性本构关系的理想岩土体边坡，上述 3 种失稳判据具有较好的一致性，而对于成分复杂的高陡边坡这 3 种判据则存在较大偏差。为解决失稳判据选取上的争议，靳晓光等[68]提出考虑张拉-剪切破坏的强度折减法，主张将坡体渐进破坏过程中的抗拉强度同幅度折减，具体见式（3-9），结果表明考虑张拉强度折减的计算方法在失稳判据上具有较高的一致性和准确性。

$$\begin{cases} c' = c/F \\ \tan\varphi' = \tan\varphi/F \\ T' = T/F \end{cases} \quad (3\text{-}9)$$

式中，F 为强度折减系数；其余为摩尔-库仑参数。

周正军等[69]指出边坡的失稳破坏模式与所采用的岩土屈服强度准则密切相关，目前广泛应用于边坡稳定分析中的德鲁克-普拉格（Drucker-Prager）准则和摩尔-库仑（Mohr-Coulomb）准则不能准确反映土体的抗拉强度，应予以适当折减和修正。李永亮等[70]指出岩土本构模型和计算参数、迭代计算算法及收敛容差等均会影响边坡的稳定性，为准确衡量边坡的失稳破坏状况应联合多种判据进行综合分析，对于均质、非均质、土-岩组合边坡和岩质边坡，建议分别采取①（主）+②（辅）、②（主）+①（辅）、②（主）+①（辅）和③（主）+①（辅）相结合的边坡失稳分析方法等。

3.4 机器学习法

机器学习法是近年来的热门方法，学术界提出了大量基于机器学习的地质灾害风险评估方法。不同于物理力学方法，机器学习法旨在挖掘地质灾害样本中，把灾害发生结果与灾害影响因素之间建立了联系，而不考虑具体的物理机理。该类方法是一种数据导向的方法，因此比较依赖于地质灾害历史样本的数量和质量。机器学习法的优势在于能够利用学习算法充分挖掘历史样本中地质灾害发生结果与灾害影响因素之间的关系，并建立模型，能够实现自动化、批量学习的目的。

3.4.1 主要思想和方法

1. 输入和输出变量

机器学习法是通过机器模拟人类学习过程，以探究一系列输入变量与输出变量之间关系的方法。具体来说，机器学习法把某个问题看作是一系列影响因素与结果之间的关系，因此，这里的输入变量是该问题的影响因素（比如，边坡稳定性的影响因素可能包含边坡几何特征、地质条件、气象水文等），输出变量是受这些因素影响而产生的结果（比如风险大小）。

2. **学习算法**

确定了机器学习法的输入和输出变量后，要找到输入和输出变量之间的关系。根据机器学习法不同，输入与输出变量之间假定的关系不同。比如，线性回归方法是假定输入和输出之间遵循线性关系（式 3-10），神经网络假定输出、输出之间存在线性、S 形变换的组合关系（图 3.7），而支持向量机（SVM）通过一个超平面定义输入和输出之间的关系（图 3.8）。不管假定的输入和输出之间的关系如何，都需要利用学习算法从样本集中挖掘这种关系，因此学习算法也可以看作是数据挖掘的过程。利用学习算法得到输入和输出之间的关系，这种关系称作为风险评估模型。基于该模型，确定影响因素值（输入），就能确定风险大小（输出）。

$$y = a_0 + a_1 X_1 + a_2 X_2 + \cdots + a_n X_n \quad (3\text{-}10)$$

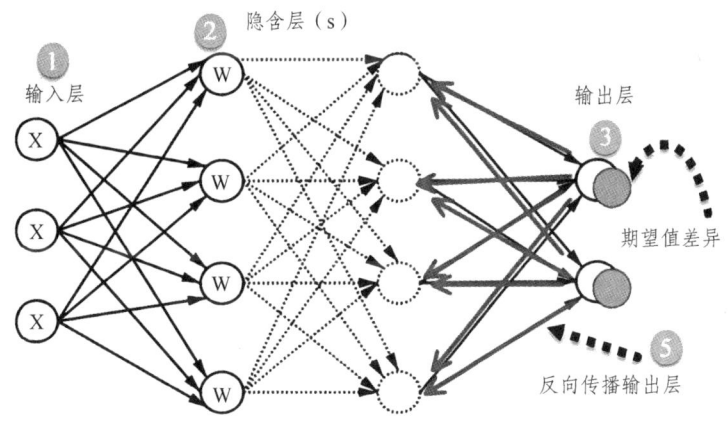

图 3.7 神经网络示意

输入空间　　　　　　　　　特征空间

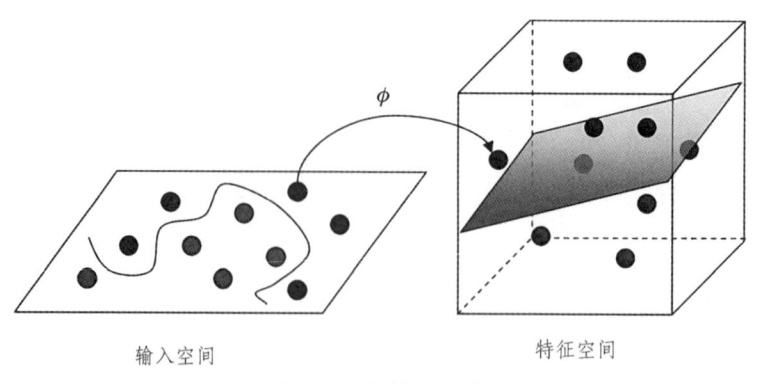

图 3.8　支持向量机

3.4.2　机器学习的分类

机器学习主要研究怎样通过计算机模拟人类的学习行为[71]，该方法分为无监督学习、有监督学习两大类方法。

无监督学习是在没有任何目标标签的数据集中自动学习以找到数据内在规律的方法。K 均值聚类算法[72-73]、主成分分析算法[74-75]、自动编码器算法[76-77]等均属无监督学习方法。此处仅介绍 K 均值聚类算法和自动编码器算法。

（1）K 均值聚类算法是 James Mac Queen 于 1967 年提出的，该方法首先随机选取 k 个对象作为初始聚类中心，然后计算每个对象与各聚类中心之间的距离，并把每个对象分配给距离它最近的聚类中心。聚类中心及分配给该聚类中心的对象就代表一个分类。该方法的优点是原理简单，容易实现，缺点是 k 值很难确定，容易达到局部最优，且对噪声很敏感。

（2）自动编码器算法是 1986 年 Rumelhart 提出的方法，它使用了反向传播算法，并让目标值等于输入值。它包括一个编码器和一个生成重构的解码器。该方法主要用于高维复杂数据处理。

与无监督学习方法不同的是，有监督学习方法是在含目标标签的训练集上学习得到判别模型，再将其应用到新数据的判别中，其中目标标签需要人为标注。目前在边坡危险性分析中运用最广泛的是有监督方法，该类方法在训练集数据较多、数据质量较高时，能够得到较为准确的结果。目前广泛使用的近邻算法[78-79]、决策树算法[80-81]、人工神经网络算法[82-84]、支持向量机算法[85-87]、朴素贝叶斯算法[88-90]、线性回归算法[91]、逻辑回归算法[92]、贝叶斯网络算法[93-96]等。此处仅介绍近邻算法、决策树算法、人工神经网络算法。

（1）近邻算法[97]是 Cover 和 Hart 在 1968 年提出的。该方法的主要原理：给定一个测试样本，计算其到训练样本的欧氏距离，取离测试样本最近的 k 个训练样本，选出这 k 个样本中出现最多的类别，那么测试样本就被判别为这个类别。近邻算法原理简单，易于理解，但这种方法往往需要结合其他方法进行运用，否则误差较大。

（2）决策树算法是 Hunt 于 1966 年第一次提出的。该算法通过构建树形决策结构来实现样本分类的过程。决策树模型具有便于理解、分类速度快的优势。但对于各类别样本数量不一致的数据，信息增益偏向于那些更多数值的特征，且无法考虑属性之间的相关性。

（3）人工神经网络的雏形是由数理逻辑学家 Pitts 和 McCulloch 于 1943 年建立的 MP 模型（基于神经元生理结构的简单数学模型），该模型仅含单个神经元，是一种具有执行逻辑计算功能的形式化数学描述。这一概念的提出开创了人工神经网络的时代。Rosenblatt 于 1958 年提出了感知器模型及其学习算法。由于单层感知器不能解决复杂函数，之后的一段时期，人工神经网络的发展受到了限制。直到 20 世纪 80 年代，Hition、Rumelhart 等提出的多层感知器才克服了这一困难。目前被广泛应用的人工神经网络大多数都是基于多层感知器建立的。人工神经网络的最大优势为强大的数据挖掘和非线性拟合能力，但该模型依赖于数据的质量，在数据噪声较大时，容易出现过拟合问题。

3.4.3 基于机器学习的地质灾害风险评估方法研究

张晓东[98]通过总结过往的经验和成果，意识到研究区的评价因子基于的是数字高程模型（DEM）数据基陆地卫星（Landsat）数据，然后通过网格单元对盐池县进行了关于地质灾害危险性的评价。朱吉龙[99]以滑坡的分布和成灾的规律为基础选取发育机理的角度灾害评价因子，在共线性检测和皮尔逊（Pearson）相关性分析的依据上进行相关筛选，剔除了高共线性因子和低影响性因子。王念秦等[100]对研究对象选取的12个因子评价指标开展了斯皮尔曼（Spearman）相关性分析，分析计算得出因子之间相关度的指标、相关性系数，分析计算后对相关性系数较高的高程因子进行了剔除，其余因子都用 SVM（支持向量机）的模型训练。宋庆武[101]的研究计算是通过随机打乱任意一个滑坡因子的取值，分析此滑坡因子打乱前后随机形成森林模型中的 ACC（准确率）变化，其变化程度与其特征重要性成正比，然后通过专家赋值法来赋值相应判别指标重要性，由此构造因子判断矩阵。胡旭东[102]对研究区使用了信息价值量法，首先对各个因子进行离散化，通过研究量化了的因子和因子区间发生灾害的影响程度，然后计算得出每个研究区间灾害点所形成的信息价值量，最终量化得出灾害评价因子的重要程度，这样的研究方法被称作为统计法量化重要程度，属于是非监督方法中的一种。张福浩等[103]对研究区采用特征分裂数、特征平均覆盖率等方法研究得出了评价因子的特征度量指标，特征度量指标反映各个相关因子对于 RF 模型（随机森林模型）的解释程度，RF 模型所输出得到的混淆矩阵又分析了因子特征的重要性和准确度，最后分析得到了最高的重要性为坡度的特征，也就是最大的特征贡献。

3.5 评估方法比较

专家评分法已经在国际范围内得到了较为广泛的应用。总体上，专家评分法原理简单、便于操作，能够考虑边坡灾害的各种影响，是目前最为可靠实用的一类地质灾害风险评估方法。RHRS 评估系统是针对公路边坡崩塌落石的一种风险评估方法，主要关注的是对崩塌对行车造成损坏的风险。该系统的最大特点是包括初步评价与详细评价两个评价阶段，在初步评价阶段仅使用少量关键指标，其优点是利用初步评价能够避免在大量的低中风险灾点上浪费大量的评估时间。经过初步评价后，筛选出的风险较高的灾点，将进入指标更详细完善的详细评价阶段。但是，RHRS 系统仅针对公路边坡崩塌落石，而目前四川省地区的地质灾害类型种类繁多，RHRS 无法覆盖这些灾害种类。与 RHRS 系统不同港 NPCS 分级系统只有一个评价阶段，并且其主要针对公路沿线四种类型人工边坡对附属设施造成损坏的风险大小开展评估。NPCS 分级系统的最大优势是考虑了不同类型的边坡类型，这会使评价结果更加适合具体的情况，评估结果与实际更接近。NPCS 系统仅含一个评价阶段，对于地质灾害数量巨大的四川地区，利用一个评价阶段进行评价的做法意味着巨大的人力物力耗费，是不明智的。

物理力学方法要求准确掌握岩土体的物理力学发展过程，并且建立能够真实刻画地质灾害机理的物理力学模型。由于地质灾害具有极强的复杂性和不确定性，人们尚未完全理解地质灾害的发生机理，且目前的物理力学模型都是在一定的假设情况下，得到的结果往往与实际情况有一定差距。即使在建立了较为准确的地质体物理模型的前提下，物理力学模型方法在运用时仍然存在很大的困难，这是因为该类方法还需要获取详细的物理力学参数。对于某一个灾害点来说，经过实地勘察可以获取详细的物理力学参数，但对于大范围的地质灾害区域来说，工作量巨大，几乎是很难实现的。鉴于上述原因，物理力学方法大多出现在重点地质灾害点的分析中，而很少用于大范围灾害评价。

机器学习法具有自动学习、更新的强大功能，但其依赖于数量较多、质量较高的样本数据，否则无法得到准确的计算模型。但随着数据获取手段的日益丰富，未来的数据数量与质量必然会逐渐提升。因此，机器学习法是未来地质灾害风险评估方法的主要发展方向。

通过对比上述 3 类风险评估方法可以发现，若考虑到在现场能快速获得可靠的参数、能考虑众多参数的影响、方法可控且可靠，专家评分法是较为适合的方法。虽然物理模型法和机器学习法有较高的精度，但是在现场直观风险评估方面，仍然存在一定的不足。因此，本书针对四川山区地质灾害展开的风险评价研究工作，主要采用了分阶段专家评分方法，并以机器学习法作为辅助。

第 4 章
山区公路地质灾害和边坡工程评价指标体系

山区公路沿线的地质灾害及边坡工程灾害数量巨大，若采取一次性精准评价的方式，工作量太大，难以得到有效实施，对全部边坡灾害均进行同等详略程度的评价是一项不经济且没有必要的工作。鉴于此，本书提出针对山区公路地质灾害及边坡工程灾害的两步评分法，即风险分析分为初步评价与详细评价两个阶段，具体如图 4.1 所示。初步评价通过考虑少量易获取的重要评价指标，筛选出风险较高的边坡灾害点，然后对这些灾害点进行详细评价，可以大大提高对大量边坡灾害进行风险评价的效率，节省人力、经济和时间成本。

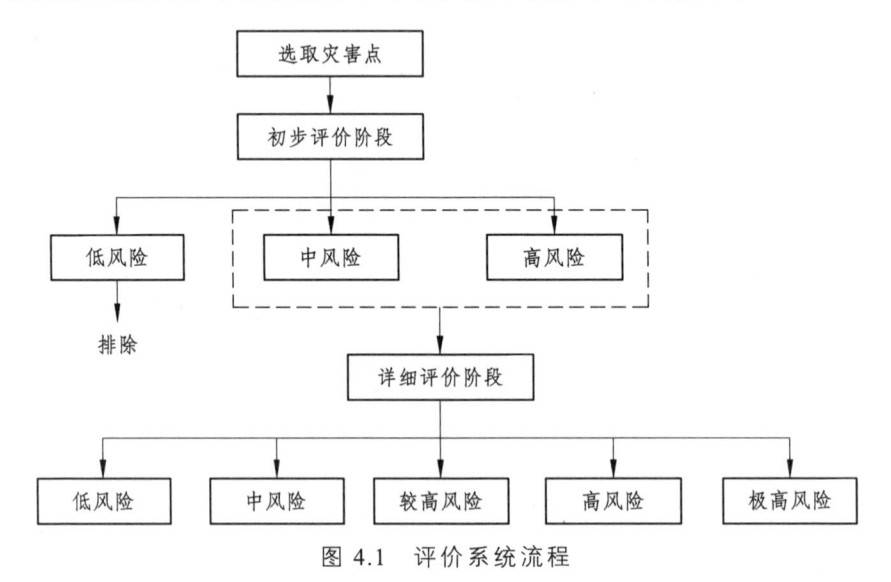

图 4.1 评价系统流程

作为风险评估方法的基础，建立一套合理、可行且有效的指标体系是应首先解决的关键问题。研究团队整理分析国内外地质灾害评价方法，分析公路地质灾害致灾因子，并开展多次业内公路设计院专家研讨会，邀请行业知名专家填写指标及权重调查表，最终建立了一套适用于两步评分法的分层分类评价指标体系。

指标体系分为两个层次，其中一级指标及其权重应用于初级评价阶段的风险评估，二级指标及其权重应用于详细评价阶段的风险评估。为了使各指标的物理意义更加明确，便于进行指标权重分配，避免指标重复，将指标按照逻辑关系进行归类，分为危险性指标、防护工程技术状况指标、危害性指标三类指标。

指标体系按照地质灾害评价对象不同分为崩塌、泥石流、路基水毁、边坡失稳等四类指标群，各类指标群均含有以上所述指标分层分类特征，每一种公路地质灾害仅采用对应的指标群进行风险评估。

4.1 评价指标

4.1.1 崩塌危岩

崩塌危岩是公路岩质边坡的常见灾害，极易在山区公路发生。崩塌危岩是降雨、地震、风化等因素诱发的一种灾害，其特点为岩体结构的突然断裂和倾覆。

1. 危险性指标

初步评价阶段崩塌危岩危险性评价的一级指标包括历史灾害及地质条件、几何特征、气象水文。详细评价阶段的二级指标在一级指标划分的基础上进一步深入评价地质灾害的危险性。崩塌灾害危险性指标如图4.2所示。

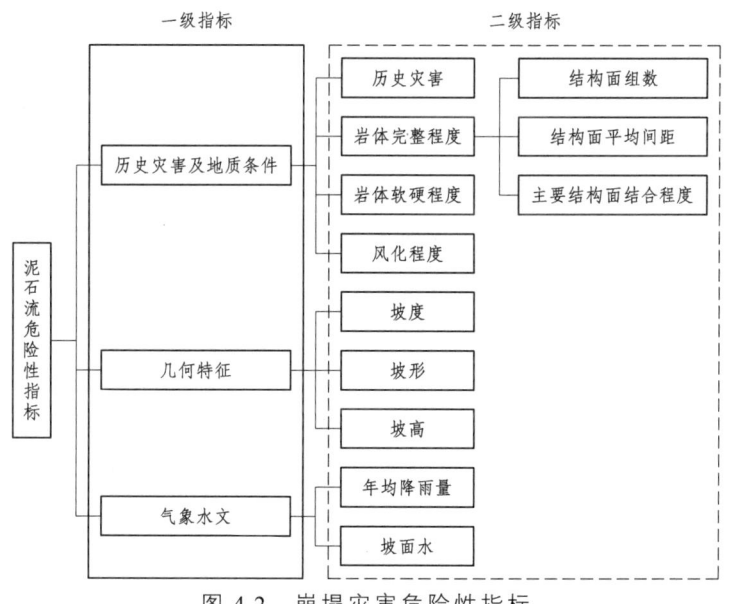

图 4.2 崩塌灾害危险性指标

各级指标的具体介绍如下：

（1）历史灾害及地质条件。

历史灾害及地质条件决定了边坡整体的力学性质，包含历史灾害、岩体完整程度、岩体软硬程度和风化程度四个评价指标。

历史上崩塌灾害的发生频率和规模是未来发生崩塌危岩的重要预示指标。岩体完整程度越高的边坡，发生崩塌危岩的可能性越小。岩体完整程度通过结构面组数、结构面平均间距、主要结构面结合程度这三个子指标衡量。岩体软硬程度代表了岩体组成材料的力学性质，主要是影响风化速度，根据"5·12"汶川地震调查结果，软硬相间的边坡岩体更容易发生崩塌，其次是硬质岩、软质岩。风化差异性越严重，发生崩塌危岩的危险性越大，若岩体存在较严重的风化差异性，会导致部分区域易于风化掉落，从而形成岩体表面的凹腔，并进一步加剧风化情况，导致更严重的崩塌危岩。

（2）几何特征。

几何特征主要是通过影响边坡整体性的应力分布来影响崩塌发生的危险性。该指标类包括坡度、坡形、坡高三个评价指标。

坡度对边坡失稳灾害的影响尤为明显，它既为边坡失稳提供了临空面，又决定了岩土体抗滑力与下滑力之间的平衡状态，还影响了雨水对边坡的冲刷强度。坡高对边坡失稳的影响也较大，边坡高度越大，边坡岩土体的位能就越大，其向下的运动趋势及对坡脚产生的应力就越大，对边坡稳定性的影响也就越大。坡形影响了边坡的应力分布、风化裸露面积。

（3）气象水文。

气象水文主要从边坡外部自然因素考虑，是边坡崩塌危岩的重要诱发因素之一，包括年均降雨量和坡面水两个评价指标。

年均降雨量的增加直接导致该区域边坡水分补给更为频繁。坡面水的增多，则反映了该区域获得的水分补给更为充沛。

2. 防护工程技术状况指标

对于公路边坡崩塌危岩，防护程度的强弱对灾害的发生有一定的抑制作用，初步评价阶段一级指标为防护措施，详细评价阶段的二级指标包括防护强度和排水设施，如图 4.3 所示。其中坡面防护结构的作用是对潜在的崩塌体进行支挡防护。

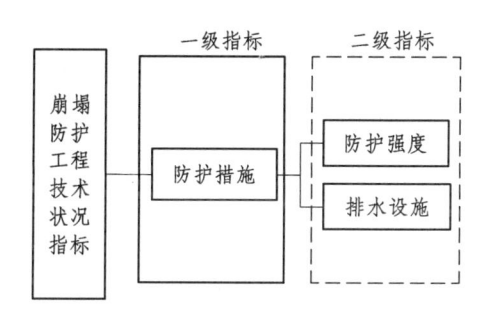

图 4.3 崩塌灾害防护工程技术状况指标

3. 危害性指标

崩塌危岩初步评价阶段危害性一级指标为造成后果，详细评价阶段的二级指标包括断道时间和公路等级，如图 4.4 所示。公路等级体现了该路段公路的平均车流量大小，公路等级越高，发生灾害后单位时间内造成的损失越大。断道时间可以通过边坡可能的失稳规模及潜在边坡垮塌体距公路的距离两个方面进行估计，断道时间越长，同样公路等级下造成的损失越大。

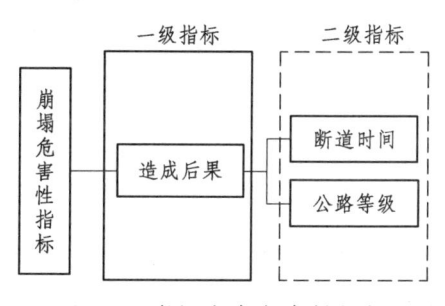

图 4.4 崩塌灾害危害性指标

4.1.2 泥石流

泥石流是一类常见的山地自然灾害现象,其分布主要受气候、地质和地貌控制,公路边坡发生泥石流后,常常掩埋公路,造成公路断道。

1. 危险性指标

初步评价阶段泥石流危险性评价的一级指标包括历史灾害及物源条件、地形地貌、气象水文。详细评价阶段的二级指标在一级指标划分的基础上进一步深入评价地质灾害的危险性,具体如图 4.5 所示。

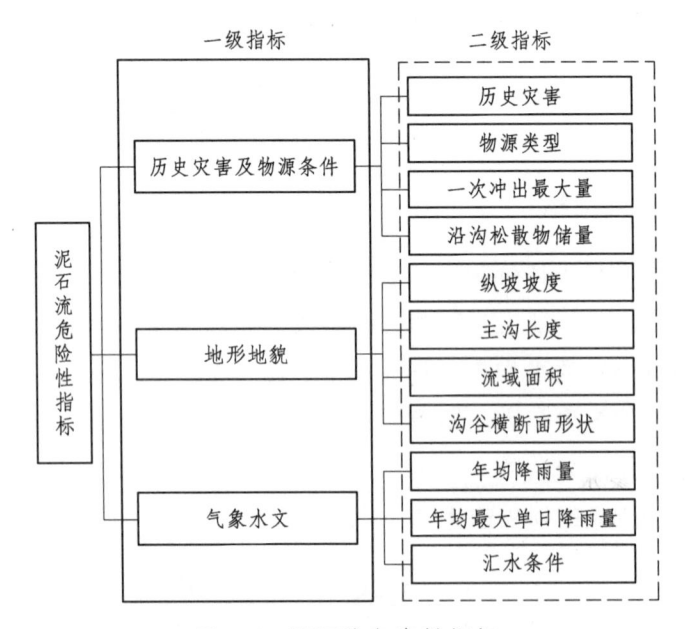

图 4.5 泥石流危害性指标

各级指标的具体介绍如下:

(1) 历史灾害及物源条件。

历史上泥石流灾害的发生频率和规模是未来发生泥石流的重要指标。物源条件主要考虑公路两侧物源区土石体的分布、类型、数量等方面，其中，物源类型决定了泥石流的类型，当物源颗粒含各级粒度时（黏粒、粉粒、砂粒、砾石、卵石、漂石），呈泥石型，危险性最大；当物源颗粒以碎块、砂粒为主时，呈水石型，危险性次之；当物源颗粒以黏土、粉土为主时，呈泥流型，危险性最小。一次冲出固体物质量越大，泥石流破坏性越强。沿沟松散物储量越大，泥石流运动过程中带动的土石混合物越多，危险性越大。

（2）地形地貌。

地形地貌决定了泥石流发育、运动的环境。

纵坡坡度越大，物源重力沿沟谷向下的分量越大，物源克服摩擦力下滑形成泥石流的危险性越大。主沟长度的影响体现在带动的物源数量、泥石流路径长度两方面（对于物源数量，在相同物源分布密度的条件下，主沟长度越长，带动的物源越多。对于泥石流路径长度，主沟长度越长，供泥石流加速的路径越长，冲出沟口的速度越大）；流域面积直接影响泥石流的规模和汇水面积。沟谷横断面形状从水分蒸发能力、下渗能力这两方面考虑（沟谷横断面在面积相同的情况下，对于水分蒸发能力，下切越深，沟底面积越小，水分蒸发能力越弱。对于下渗能力，下切越深，沟底土壤往往越致密，渗透系数越低，且两侧坡面与降雨形成的夹角越小，下渗能力越小）。

（3）气象水文。

气象水文条件对于泥石流的形成有着至关重要的作用，泥石流往往由降雨触发，降雨导致物源由静止转变为往沟谷下游运动，并裹挟沟谷沿程土石混合体，进而形成破坏力巨大、速度极快的水土石混合体。气象水文包括年均降雨量、年均最大单日降雨量、汇水条件。

年均降雨量越大，说明该区域边坡水分补给越频繁，土壤湿润程度越高，越容易在一定的诱发条件下暴发泥石流。年均最大单日降雨量从触发泥石流发生的单日雨量考虑，分为震前、震后两种情况，由于地震后物源更加松散,因此震后较震前的启动雨量更小。汇水条件考虑泥石流形成前期即降雨后的坡面水汇集形成径流的危险性大小,汇水条件越好,越易形成泥石流,危险性越大。

2. 防护工程技术状况指标

泥石流防护程度指标主要衡量的是对泥石流的抑制作用的大小。初步评价阶段一级指标为防护措施,分为有防护、无防护两种情况。详细评价阶段的二级指标为防护强度,将常见的各类泥石流防护措施分为强、中、弱、无四个等级,如图4.6所示。

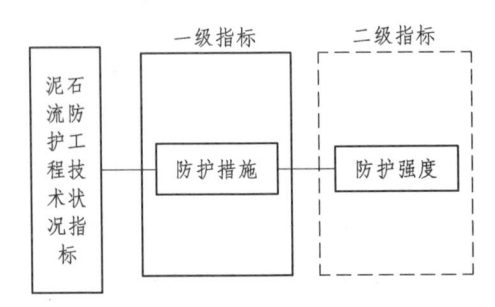

图 4.6 泥石流防护工程技术状况指标

3. 危害性指标

泥石流的初步评价阶段一级指标为造成后果,详细评价阶段的二级指标包括泥石流与公路关系、断道时间、公路等级,如图4.7所示。

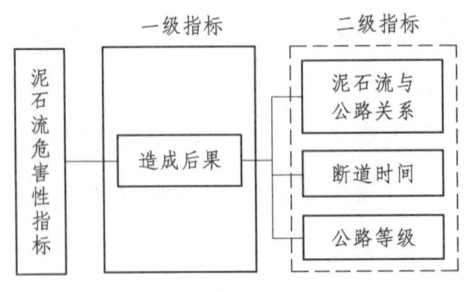

图 4.7 泥石流危害性指标

4.1.3 路基水毁

汛期暴雨引起河（溪）谷水位快速上涨，河（溪）谷水位暴涨或集中冲刷可能引发路基淹没、路基冲毁、挡墙垮塌、路堤失稳等破坏。

1. 危险性指标

初步评价阶段路基水毁危险性评价的一级指标包括抗冲刷能力、水文条件、河床几何形态。详细评价阶段的二级指标在一级指标划分的基础上进一步深入评价地质灾害的危险性，如图 4.8 所示。

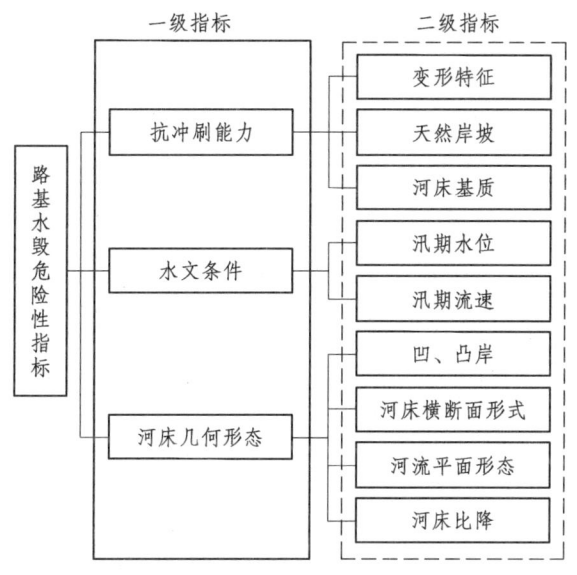

图 4.8 路基水毁危险性指标

各级指标的具体介绍如下：

（1）抗冲刷能力。

抗冲刷能力包括变形特征、天然岸坡、河床基质三个评价指标。

变形特征为公路垮塌及受损情况。天然岸坡为基岩、漂卵块石、砾石土、细砂粉土、黏土时，路基的抗河流冲刷能力依次降低。对于河床基质，在洪水的带动下，河床基质将会冲击路基基础，对路基基础造成破坏，因此，河床基质为砂土、砾石、卵石、漂石时（洪水裹挟的颗粒动能越大），危险性依次增大。

（2）水文条件。

水文条件包括汛期水位、汛期流速两个评价指标。

汛期水位主要考虑的是汛期洪水淹没道路的危险性大小，汛期水位越接近路面，危险性越大，一旦道路被淹没，道路表面往往会受到漫水、退水的冲刷，造成路基表面大面积损毁。汛期流速主要考虑的是汛期洪水对路基的冲刷力的大小，因此流速越快，冲刷力越大，危险性越大。

（3）河床几何形体。

河床几何形体包括河岸凹凸情况、河床横断面形式、河流平面形态和河床比降。大量工程案例显示，河岸的凹岸一般最容易遭受冲刷、水毁，较陡的河床纵坡、大角度弯曲的河流形态以及V形的河床横断面都易成为路基水毁的高风险点位。

2. 防护工程技术状况指标

对于公路路基水毁这种灾害形式，防护措施的强弱决定了洪水来临时路基能否抵御住洪水的冲刷破坏。初步评价阶段一级指标为防护措施，分为有防护、无防护两种情况。详细评价阶段的二级指标为防护强度，将常见的各类泥石流防护措施分为强、中、弱、无四个等级，如图4.9所示。

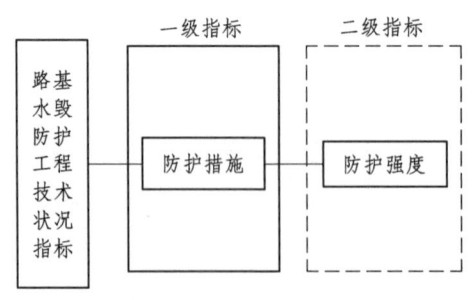

图4.9 路基水毁防护工程技术状况指标

3. 危害性指标

路基水毁的初步评价阶段一级指标为造成后果,详细评价阶段的二级指标包括断道时间和公路等级,如图 4.10 所示。

图 4.10 路基水毁危害性指标

4.1.4 边坡失稳

边坡失稳是滑坡的主要形式之一。该类地质灾害主要发生在山区斜坡地形,坡表覆盖堆积厚度较大的土层,或岩质边坡具有影响稳定性的外倾结构面。发生滑坡灾害的诱因主要包括地震、强降雨或其他外力作用。

1. 危险性指标

初步评价阶段边坡失稳危险性评价的一级指标包括变形特征及地质条件、气象水文、几何特征。详细评价阶段的二级指标在一级指标划分的基础上进一步深入评价地质灾害的危险性,岩质边坡的指标如图 4.11 所示,土质边坡的指标如图 4.12 所示。

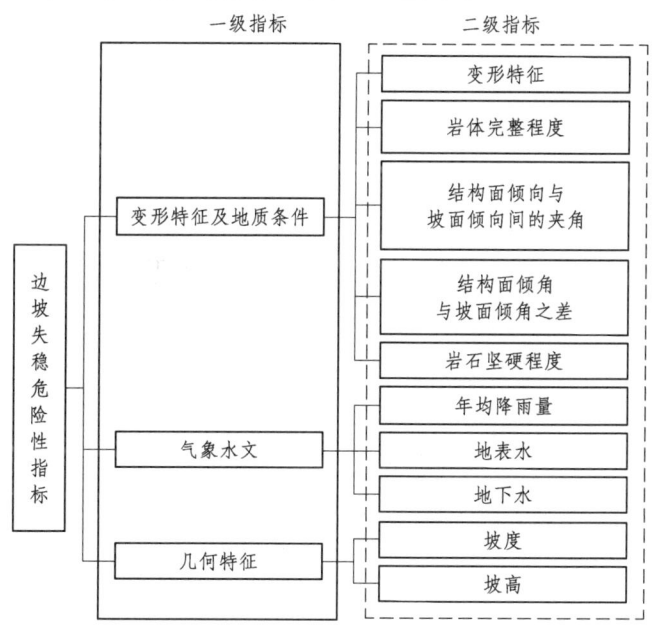

图 4.11 边坡失稳危险性指标(岩质边坡)

```
                     一级指标              二级指标
                                    ┌─ 变形特征
                                    ├─ 土体类型（非黏土/黏土）
                    变形特征及地质条件 ─┼─ 土体密实度（非黏土）
  边                                 ├─ 土体含水状态（非黏土）
  坡                                 └─ 稠度（黏土）
  失
  稳                                 ┌─ 年均降雨量
  危 ──────────────── 气象水文 ──────┼─ 地表水
  险                                 └─ 地下水
  性
  指                                 ┌─ 坡度
  标            ─── 几何特征 ────────┤
                                    └─ 坡高
```

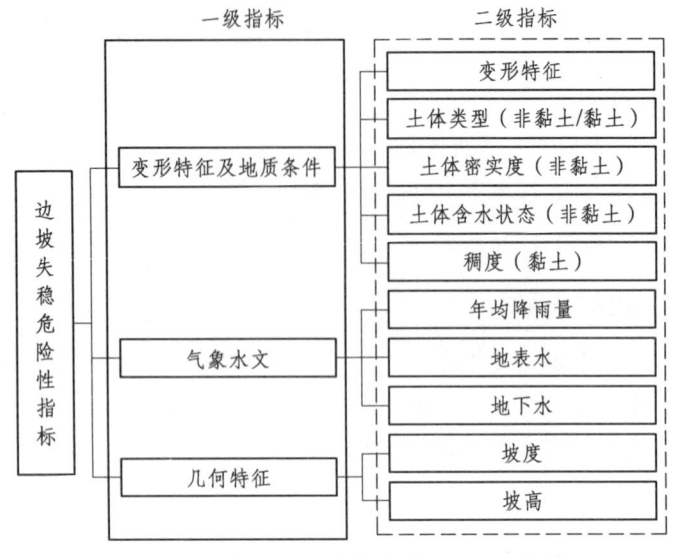

图 4.12 边坡失稳危险性指标（土质边坡）

各级指标的具体介绍如下：

（1）变形特征及地质条件。

变形特征及地质条件主要从边坡变形特征、内部材料性质以及结构特征的角度考虑，分为岩质边坡和土质边坡两种情况。

对于岩质边坡，地质条件包括变形特征、岩体完整程度、结构面倾向与坡面倾向间的夹角（简称倾向夹角）、结构面倾角与坡面倾角之差（简称倾角之差）、岩体坚硬程度五个评价指标。其中，岩体完整程度的评价是通过对结构面组数、结构面平均间距、主要结构面结合程度这三个子评价指标进行打分然后求平均值得到的。对于倾向夹角，该指标取值越小，则岩质边坡沿着结构面滑动破坏的可能性越大。倾角之差可以判断该边坡是顺层还是反倾，若倾角之差小于0，则说明边坡是顺层边坡，且倾角之差越小，发生顺层滑坡的危险性越大；若倾角之差大于0，则说明边坡是反倾边坡，且倾角之差越大，沿结构面发生顺层滑坡的可能性越小。岩体坚硬程度体现了组成边坡的材料属性，岩体坚硬程度越低越容易发生失稳破坏。

对于土质边坡,地质条件包括变形特征、土体类型(非黏土/黏土)、土体密实度(非黏土)、土体含水状态(非黏土)、稠度(黏性土)五个评价指标。其中,土体类型按照颗粒粒径从小到大为黏性土、粉土、砂土、碎石土。由于土质边坡颗粒越小,越易形成连续滑动面而发生整体破坏,因此,这些土体类型的评分依次降低。土体密实度适用于碎石土、砂土、粉土等非黏性土,越密实则稳定性越好。土体含水状态适用于碎石土、砂土、粉土等非黏性土,含水量越高,边坡失稳危险性越大。稠度仅适用于黏性土边坡,包括软塑、可塑、硬塑、坚硬四种稠度,评分依次降低。特殊土指标根据特殊土的类型酌情打分。

(2)气象水文。

气象水文主要从边坡的外部自然因素的角度考虑,是边坡失稳的关键诱发因素。气象水文在初步评价阶段与详细评价阶段的评价指标是相同的,包括年均降雨量、地表水、地下水三个评价指标。

年均降雨量越大,说明该区域边坡水分补给越频繁,该指标的分级主要参考了相关规范中的分级原则。地表水越多,说明该处边坡坡面附近越饱和,土壤抗剪强度越低。地下水越活跃,对边坡内部软弱面的软化作用越强,渗流力引起的下滑力增加。

(3)几何特征。

与崩塌危岩相同,边坡失稳评价中的几何特征主要是通过影响边坡整体的应力分布来影响灾害发生的危险性,并且初步评价阶段与详细评价阶段的几何特征评价指标是相同的。

2. 防护工程技术状况指标

边坡防护程度的强弱决定了其对边坡失稳发生的抑制作用的大小,初步评价阶段一级指标为防护措施,详细评价阶段的二级指标为防护强度和排水设施。其中,支护结构的作用是对边坡潜在滑坡体提供抗滑力,根据对边坡支护作用的大小,将各类防护强度分为强、中、弱、无四个等级,如图 4.13 所示。

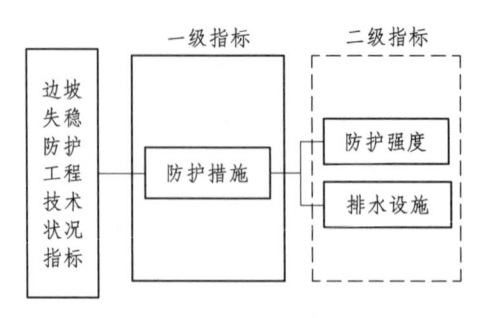

图 4.13　边坡失稳防护工程技术状况指标

3. 危害性指标

边坡失稳的初步评价阶段一级指标为造成后果，详细评价阶段的二级指标包括断道时间和公路等级，如图 4.14 所示。

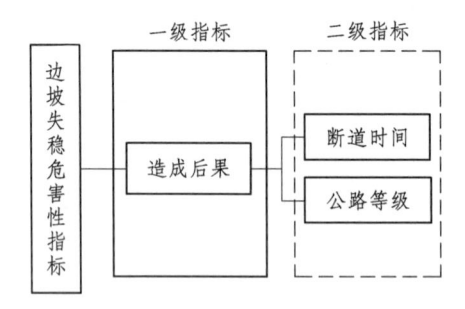

图 4.14　边坡失稳危害性指标

4.2　评价指标权重

评价指标权重体现了该指标的取值变化对危险性的影响大小。评价指标权重的获取方法较多，应用较广泛的方法主要有指标体系法、专家评分法、层次分析法、二次项系数法等。鉴于本书主要采用指标体系法和专家评分法来确定风险评估的指标权重，在处仅对这两种方法做扼要阐述，其他方法读者可自行深入研究。

（1）指标体系法的主要步骤包括：首先，确定各指标之间的重要性排序；随后，根据既定的计算公式进行运算即可得到具体的指标权重。指标体系法虽然具有操作简便的特点，但是得到的指标权重是固定的。

（2）专家评分法是在广泛收集专家对指标权重意见的基础上，对专家意见进行统计分析，并得到最终权重的方法。专家评分法可以最大限度地吸取行业内专家的工程经验，获得符合实际情况的权重值，以弥补指标体系法的缺陷。

由于以上两种方法均是基于主观经验的方法，为了验证权重数值的合理性，本书将进一步采用数值分析方法对主要的指标重要性进行求解。

需要说明的是，下文通过计算或赋值直接给出了详细评分阶段各评分表的指标权重，由于详细评分表中基本囊括了初步评分表中的各评价指标，因此初步评分表的指标权重只需要在详细评分表的基础上，进行同比例缩放即可。

4.2.1 指标体系法

指标体系法的计算式为

$$\gamma = \frac{2n - 2m + 1}{n^2} \quad (4\text{-}1)$$

式中，γ 为权重系数；n 为评价指标项数；m 为重要性序号，且 $m \leq n$。

经西南地区多位地质灾害专家讨论并参考大量文献，确定了各类地质灾害中不同评价指标之间的重要性排序。根据公式计算得到的各指标排序值对应的权重结果，列于表 4.1 中，使用时可以直接查表取值。由于部分指标之间的预期权重差距并不大，利用指标体系法计算反而会导致得到的权重结果相差较大。因此，对于这一类指标的权重，应采用后文专家调查调查分析法的计算方法确定。

表 4.1　评价指标权重系数速查表

指标项数 n	指标重要性排序 m											总权重
	第一	第二	第三	第四	第五	第六	第七	第八	第九	第十	
1	1										1
2	0.75	0.25									1
3	0.56	0.33	0.11								1
4	0.44	0.31	0.19	0.06							1
5	0.36	0.28	0.2	0.11	0.05						1
6	0.31	0.25	0.19	0.14	0.08	0.03					1
7	0.27	0.22	0.18	0.14	0.1	0.06	0.03				1
8	0.23	0.2	0.17	0.14	0.11	0.08	0.05	0.02			1
9	0.21	0.19	0.16	0.14	0.11	0.09	0.06	0.03	0.01		1
10	0.19	0.17	0.15	0.13	0.11	0.09	0.07	0.05	0.03	0.01	1

1. 崩塌危岩

崩塌危岩危险性指标的一级指标重要性排序：历史灾害及地质条件>几何特征>气象水文。崩塌危岩危险性指标的二级指标重要性排序：对于地质条件，历史灾害>岩体完整程度>岩石坚硬程度>风化差异性；对于几何特征，坡度>坡形>坡高；对于气象水文，年均降雨量>坡面水。

崩塌危岩防护工程技术状况的二级指标重要性排序：防护强度>排水设施。

崩塌危岩危害性的二级指标的重要性排序：断道时间=公路等级。

根据以上指标重要性排序，代入式（4-1），得到的权重数值见表4.2。

表 4.2　指标体系法指标权重（崩塌危岩）

一级指标	权重系数	二级指标	权重系数
历史灾害及地质条件	0.50	历史灾害	0.45
		岩体完整程度	0.30
		岩体坚硬程度	0.17
		风化差异性	0.08
几何特征	0.34	坡度	0.47
		坡形	0.34
		坡高	0.19
气象水文	0.16	年均降雨量	0.66
		坡面水	0.34
防护措施		防护强度	0.70
		排水设施	0.30
造成后果		断道时间	0.54
		公路等级	0.46

2. 泥石流

泥石流危险性指标的一级指标重要性排序：历史灾害及物源条件>地形地貌>气象水文。泥石流危险性指标的二级指标重要性排序：对于历史灾害及物源条件，历史灾害>物源类型>一次最大冲出量>沿沟松散物储量；对于地形条件，纵坡坡度>主沟长度>流域面积>沟谷横断面形状；对于气象水文，年均降雨量>年均最大单日降雨量>汇水条件。

泥石流危害性的二级指标的重要性排序是：泥石流与公路关系>断道时间=公路等级。

根据以上指标重要性排序，代入式（4-1），得到的权重数值见表4.3。

表 4.3 指标体系法指标权重（泥石流）

一级指标	权重系数	二级指标	权重系数
历史灾害及物源条件	0.46	历史灾害	0.37
		物源类型	0.28
		一次最大冲出量	0.20
		沿沟松散物储量	0.15
地形地貌	0.31	纵坡坡度	0.40
		主沟长度	0.30
		流域面积	0.20
		沟谷横断面形状	0.10
气象水文	0.23	年均降雨量	0.42
		年均最大单日降雨量	0.35
		汇水条件	0.23
防护措施	1	防护强度	1
造成后果		泥石流与公路关系	0.46
		断道时间	0.28
		公路等级	0.26

3. 路基水毁

路基水毁危险性指标的一级指标重要性排序：抗冲刷能力>水文条件>河床几何形态。二级指标重要性排序是：对于抗冲刷能力，变形特征>天然岸坡>河床基质；对于水文条件，汛期流速>汛期水位；对于河床几何形态，凹、凸岸>河床比降>河床平面形态>河床横断面形式。

路基水毁危害性的二级指标的重要性排序是：断道时间=公路等级。

根据以上指标重要性排序，代入式（4-1），得到的权重数值见表4.4。

表 4.4 指标体系法指标权重（路基水毁）

一级指标	权重系数	二级指标	权重系数
抗冲刷能力	0.47	变形特征	0.48
		天然岸坡	0.32
		河床基质	0.20
水文条件	0.32	汛期流速	0.54
		汛期水位	0.46
河床几何形态	0.21	凹、凸岸	0.40
		河床比降	0.28
		河流平面形态	0.20
		河床横断面形式	0.12
防护措施		防护强度	1.0
造成后果		断道时间	0.54
		公路等级	0.46

4. 边坡失稳

边坡失稳危险性指标的一级指标重要性排序是：变形特征及地质条件>几何特征>气象水文。二级评价指标重要性排序：对于岩质边坡的变形特征及地质条件，变形特性>岩体完整程度>结构面倾向与坡面倾向间的夹角>结构面倾角与坡面倾角之差>岩体坚硬程度；对于土质边坡的地质条件，变形特性>稠度（黏土）>土体类型（非黏土/黏土）>土体密实度（非黏土）>土体含水状态（非黏土）；对于气象水文，年均降雨量>地表水>地下水；对于几何特征，坡度>坡高。

边坡失稳防护工程技术状况的二级指标重要性排序是：防护强度>排水设施。

边坡失稳危害性的二级指标的重要性排序是：断道时间>公路等级。

根据以上指标重要性排序，代入公式（4-1）得到的权重数值见表 4.5。

表 4.5 指标体系法指标权重（边坡失稳）

一级指标	权重系数	二级指标		权重系数
变形特征及地质条件	0.50	岩质边坡	变形特征	0.38
			岩体完整程度	0.22
			结构面倾向与坡面倾向间的夹角	0.20
			结构面倾角与坡面倾角之差	0.13
			岩体坚硬程度	0.07
		土质边坡	变形特征	0.42
			土体类型（非黏土/黏土）	黏性土 0.28
				粉土、砂土、碎石土（非黏土） 0.26
			土体密实度（非黏土）	0.18
			土体含水状态（非黏土）	0.14
			稠度（黏土）	0.30
气象水文	0.20		年均降雨量	0.45
			地表水	0.33
			地下水	0.22
几何特征	0.30		坡度	0.65
			坡高	0.35
防护措施			防护强度	0.66
			排水设施	0.34
造成后果			断道时间	0.54
			公路等级	0.46

4.2.2 专家评分法

专家评分法是以专家作为提取信息的对象，依靠专家对山区公路的知识和经验，在现场调查的基础上，对研究对象进行评分的一种方法。为了使风险评估的指标权重更具有说服性，本书的研究团队邀请了 21 个业内专家，根据公路地质灾害风险评分指标权重专家调查表确定每种灾害的因素集 $U = \{u_1, u_2, \cdots, u_n\}$。为了确定每个指标的权重，首先，对 21 个专家提供的单因素 u_j 的权重 $(a_{i1}, a_{i2}, \cdots, a_{in})$ $(i = 1, 2, \cdots, 21)$ 进行统计，确定每个指标权重的最大值 M_j 和最小值 m_j；随后，选择适当的正整数 p，由公式 $(M_j - m_j)/p$ 计算出组距，将权重由小到大分成 p 组；然后，设第 i 组的组中值为 x_i，频数为 N_i，频率为 ω_i（$\omega_i = N_i/21$），以每一组的频率作为组中值的权数，求加权平均值：$a_j = \sum_{i=1}^{p} x_i \omega_i$ $(j = 1, 2, \cdots, n)$；最终得到权重集 $A = (a_1, a_2, \cdots, a_n)$。

通过以上计算方法，计算得到四种灾害类型对应的专家评分法指标权重系数见表 4.6 ~ 表 4.9。

表 4.6　专家评分法指标权重（崩塌危岩）

一级指标	权重系数	二级指标	权重系数
地质条件	0.44	历史灾害	0.45
		岩体完整程度	0.28
		岩体坚硬程度	0.14
		风化差异性	0.13
几何特征	0.34	坡度	0.38
		坡高	0.34
		坡形	0.28
气象水文	0.22	年均降雨量	0.56
		坡面水	0.44
防护措施		防护强度	0.64
		排水设施	0.36
造成后果		断道时间	0.58
		公路等级	0.42

表 4.7 专家评分法指标权重（泥石流）

一级指标	权重系数	二级指标	权重系数
历史灾害及物源条件	0.37	历史灾害	0.3
		一次最大冲出量	0.25
		物源类型	0.21
		沿沟松散物储量	0.24
地形地貌	0.29	纵坡坡度	0.43
		主沟长度	0.28
		沟谷横断面形状	0.29
气象水文	0.34	年均降雨量	0.28
		年均最大单日降雨量	0.38
		汇水条件	0.34
防护措施	1	防护强度	1
造成后果		泥石流与公路关系	0.36
		断道时间	0.35
		公路等级	0.29

表 4.8 专家评分法（路基水毁）

一级指标	权重系数	二级指标	权重系数
抗冲刷能力	0.38	变形特征	0.4
		天然岸坡	0.32
		河床基质	0.28
水文条件	0.31	汛期水位	0.46
		汛期流速	0.54
河床几何形态	0.31	凹、凸岸	0.35
		河床比降	0.25
		河流平面形态	0.22
		河床横断面形式	0.18
防护措施		防护强度	1.0
造成后果		断道时间	0.58
		公路等级	0.42

表 4.9 专家评分法（边坡失稳）

一级指标	权重系数	二级指标		权重系数
变形特征及地质条件	0.46	岩质边坡	变形特征	0.4
			岩体完整程度	0.16
			结构面倾向与坡面倾向间的夹角	0.20
			结构面倾角与坡面倾角之差	0.14
			岩体坚硬程度	0.10
		土质边坡	变形特征	0.4
			土体类型（非黏土/黏土）黏性土	0.24
			土体类型（非黏土/黏土）粉土、砂土、碎石土（非黏土）	0.21
			土体密实度（非黏土）	0.19
			土体含水状态（非黏土）	0.11
			稠度（黏土）	0.19
			特殊土 黏性土	0.17
			特殊土 粉土、砂土、碎石土（非黏土）	0.09
气象水文	0.27		年均降雨量	0.34
			地表水	0.32
			地下水	0.34
几何特征	0.27		坡度	0.54
			坡高	0.46
防护措施			防护强度	0.56
			排水设施	0.44
造成后果			断道时间	0.58
			公路等级	0.42

4.2.3 组合赋权法

为了使评估指标的权重更加客观，本书最终采用组合赋权法获取指标权重，即综合考虑指标体系法和专家评分法得到的两种权重，并将两者数值通过线性组合得到最终的权重数值，即

$$\gamma = \varphi\alpha + (1-\varphi)\beta \quad (4\text{-}2)$$

式中，γ 为组合赋权的权重结果；φ 为组合系数（除有特别依据外，一般取 0.5）；α 为基于指标体系法确定的各项评价指标权重系数；β 为基于专家评分法确定的各项评价指标权重系数。

当不具备采用组合赋权法的条件时，可仅通过指标体系法或专家评分法确定灾害各项评价指标的权重系数。

4.2.4 数值模型验证

为了验证组合赋权法获取指标权重的合理性，本书研究团队使用数值分析法进行评价指标的权重排序，利用 GEO-SLOPE 软件对不同实验方案下的边坡进行稳定性计算分析，得到相应的安全系数，并对各实验方案的边坡安全系数进行极差分析，确定出指标的权重排序，与组合赋权法得到的结果进行比较。

1. 参数设置

对于土质边坡稳定性分析，考虑坡度、坡高、坡形、结构面倾角与坡角之差、土体强度、土体含水率、防护强度等影响因素。各影响因素分别设置三个参数水平进行试验，具体见表 4.10 土质边坡参数。

表 4.10 土质边坡参数

水平	坡度/(°)	坡高/m	坡形	结构面倾角与坡角之差/(°)	土体强度 内聚力 C/kPa	土体强度 内摩擦角 φ/(°)	土体含水率/%	防护强度
1	30	150	直线	10	20	16	20	没有防护结构
2	40	200	凸形	20	30	18	40	重力式挡墙
3	50	250	凹形	30	40	20	60	抗滑桩

如果采用全面搭配法方案安排实验,则需要进行 $3^8=6\,561$ 次实验(指数 8 代表 8 个因素,底数 3 代表 3 个水平)。可以看出,采用全面搭配法方案得到的试验次数是巨大的,这些数量巨大的试验几乎是难以实施的。因此,本书研究团队采用正交实验法,根据正交性从全面试验中挑选出部分有代表性的点进行试验,尽可能减少试验次数,高效率、快速、经济地完成多因素、多水平情况下的边坡稳定性分析。正交实验法安排的土质边坡各个实验方案参数见表 4.11。

表 4.11 土质边坡各实验方案参数

方案	坡度/(°)	坡高/m	坡形	结构面倾角与坡角之差/(°)	土体强度 C/kPa	土体强度 φ/(°)	土体含水率/%	防护强度
1	30	250	凸形	30	40	20	20	抗滑桩
2	50	250	凹形	20	20	20	40	抗滑桩
3	50	250	凹形	30	30	16	60	重力式挡墙
4	40	150	凹形	30	20	18	20	抗滑桩
5	50	200	直线	30	20	16	20	抗滑桩
6	30	200	凹形	30	40	20	40	无防护结构
7	50	150	凸形	10	40	18	60	抗滑桩

续表

方案	坡度/(°)	坡高/m	坡形	结构面倾角与坡角之差/(°)	土体强度 C/kPa	土体强度 φ/(°)	土体含水率/%	防护强度
8	40	200	凸形	10	30	20	20	没有防护结构
9	30	150	直线	30	40	20	60	重力式挡墙
10	40	250	直线	10	30	20	60	抗滑桩
11	40	150	凹形	10	30	20	40	重力式挡墙
12	50	250	凹形	10	40	18	20	没有防护结构
13	50	150	凸形	20	20	20	20	重力式挡墙
14	50	200	直线	10	40	18	40	重力式挡墙
15	50	150	凸形	30	30	16	40	没有防护结构
16	40	250	直线	20	40	16	20	重力式挡墙
17	30	150	直线	20	30	18	40	抗滑桩
18	40	200	凸形	30	20	18	60	重力式挡墙
19	40	150	凹形	20	40	16	60	没有防护结构
20	40	250	直线	30	20	18	40	没有防护结构
21	30	250	凸形	10	20	16	40	重力式挡墙
22	30	250	凸形	20	30	18	60	没有防护结构
23	40	200	凸形	20	40	16	40	抗滑桩
24	30	200	凹形	10	20	16	60	抗滑桩

续表

方案	坡度/(°)	坡高/m	坡形	结构面倾角与坡角之差/(°)	土体强度 C/kPa	土体强度 φ/(°)	土体含水率/%	防护强度
25	50	200	直线	20	20	20	60	没有防护结构
26	30	200	凹形	20	30	18	20	重力式挡墙
27	30	150	直线	10	20	16	20	没有防护结构

对于岩质边坡稳定性分析,考虑坡度、坡高、坡形、结构面组数、岩体强度、防护强度等影响因素,各影响因素分别设置三个参数水平进行试验,具体见表 4.12。如果采用全面搭配法方案安排实验,则需要进行 $3^7=2187$ 次实验。为了比较不同参数对边坡稳定性的影响权重,采用正交实验法,在复杂的影响因素中找出主要因素,得到较好的实验方案。正交实验法安排的岩质边坡各个实验方案参数见表 4.13。

表4.12 岩质边坡参数

水平	坡度/(°)	坡高/m	坡形	结构面组数	岩体强度 C/kPa	岩体强度 φ/(°)	防护强度
1	60	150	直线	1	1 000	35	没有防护结构
2	70	200	凸形	2	1 500	40	重力式挡墙
3	80	250	凹形	3	2 000	45	抗滑桩

表4.13 岩质边坡各实验方案参数

试验	坡度/(°)	坡高/m	坡形	结构面组数	岩体强度 C/kPa	岩体强度 φ/(°)	防护强度
1	80	150	直线	1	2 000	40	抗滑桩
2	60	200	凹形	3	1 000	40	抗滑桩
3	70	150	凹形	2	1 500	40	没有防护结构

续表

试验	坡度/(°)	坡高/m	坡形	结构面组数	岩体强度 C/kPa	φ/(°)	防护强度
4	80	200	凸形	1	1 500	40	重力式挡墙
5	70	250	直线	2	1 000	40	重力式挡墙
6	70	150	凸形	3	2 000	35	重力式挡墙
7	80	250	凸形	2	1 000	35	抗滑桩
8	60	200	直线	2	2 000	45	重力式挡墙
9	60	250	凹形	1	1 500	35	重力式挡墙
10	60	150	直线	1	1 000	35	没有防护结构
11	60	150	凸形	2	1 500	45	抗滑桩
12	70	200	凸形	1	1 000	45	没有防护结构
13	70	250	凹形	1	2 000	45	抗滑桩
14	70	200	直线	3	1 500	35	抗滑桩
15	80	150	凹形	1	1 000	45	重力式挡墙
16	80	250	直线	3	1 500	45	没有防护结构
17	60	250	凸形	3	2 000	40	没有防护结构
18	80	200	凹形	2	2 000	35	没有防护结构

2. 计算结果分析

运用 GEO-SLOPE 软件对以上各个实验方案进行稳定性计算分析，土质边坡计算结果见表 4.14，岩质边坡计算结果见表 4.15。

表 4.14 土质边坡各实验方案计算结果

试验	坡度/(°)	坡高/m	坡形	结构面倾角与坡角之差/(°)	土体强度 C/kPa	φ/(°)	土体含水率/%	防护强度	安全系数
1	30	250	凸形	30	40	20	20	抗滑桩	0.683
2	50	250	凹形	20	20	20	40	抗滑桩	0.818

续表

试验	坡度/(°)	坡高/m	坡形	结构面倾角与坡角之差/(°)	土体强度 C/kPa	土体强度 φ/(°)	土体含水率/%	防护强度	安全系数
3	50	250	凹形	30	30	16	60	重力式挡墙	0.610
4	40	150	凹形	30	20	18	20	抗滑桩	1.055
5	50	200	直线	30	30	16	20	抗滑桩	0.804
6	30	200	凹形	30	40	20	40	无防护结构	0.455
7	50	150	凸形	10	40	18	60	抗滑桩	0.387
8	40	200	凸形	10	30	20	20	无防护结构	0.559
9	30	150	直线	30	40	20	60	重力式挡墙	0.791
10	40	250	直线	10	30	20	60	抗滑桩	0.585
11	40	150	凹形	10	30	20	40	重力式挡墙	0.347
12	50	250	凹形	10	40	18	20	无防护结构	0.855
13	50	150	凸形	20	20	20	20	重力式挡墙	0.572
14	50	200	直线	10	40	18	40	重力式挡墙	1.141
15	50	150	凸形	30	30	16	40	无防护结构	0.648
16	40	250	直线	20	40	16	20	重力式挡墙	1.023
17	30	150	直线	20	30	18	40	抗滑桩	0.632
18	40	200	凸形	30	20	18	60	重力式挡墙	0.795
19	40	150	凹形	20	40	16	60	无防护结构	0.905
20	40	250	直线	30	20	18	40	无防护结构	0.509
21	30	250	凸形	10	20	16	40	重力式挡墙	0.558
22	30	250	凸形	20	30	18	60	无防护结构	0.627
23	40	200	凸形	20	40	16	40	抗滑桩	0.673
24	30	200	凹形	10	20	16	60	抗滑桩	0.999
25	50	200	直线	20	20	20	60	无防护结构	0.428
26	30	200	凹形	20	30	18	20	重力式挡墙	0.953
27	30	150	直线	10	20	16	20	无防护结构	1.000

表 4.15　岩质边坡各实验方案计算结果

试验	坡度/(°)	坡高/m	坡形	结构面组数	岩体强度 C/kPa	岩体强度 φ/(°)	防护强度	安全系数
1	80	150	直线	1	2 000	40	抗滑桩	4.603
2	60	200	凹形	3	1 000	40	抗滑桩	2.624
3	70	150	凹形	2	1 500	40	没有防护结构	3.552
4	80	200	凸形	1	1 500	40	重力式挡墙	3.603
5	70	250	直线	2	1 000	40	重力式挡墙	1.850
6	70	150	凸形	3	2 000	35	重力式挡墙	4.018
7	80	250	凸形	2	1 000	35	抗滑桩	1.967
8	60	200	直线	2	2 000	45	重力式挡墙	4.604
9	60	250	凹形	1	1 500	35	重力式挡墙	2.666
10	60	150	直线	1	1 000	35	没有防护结构	2.53
11	60	150	凸形	2	1 500	45	抗滑桩	6.497
12	70	200	凸形	1	1 000	45	没有防护结构	2.379
13	70	250	凹形	1	2 000	45	抗滑桩	3.777
14	70	200	直线	3	1 500	35	抗滑桩	3.110
15	80	150	凹形	3	1 000	45	重力式挡墙	2.330
16	80	250	直线	3	1 500	45	没有防护结构	3.120
17	60	250	凸形	3	2 000	40	没有防护结构	4.120
18	80	200	凹形	2	2 000	35	没有防护结构	3.230

数值模型试验的目的是进行边坡影响因素的权重大小对比，选用参数均为参考值，与实际边坡参数值有一定偏差，所以计算出来的安全系数有小于 1.0 的情况。

3. 极差分析

为便于后续计算，将土质边坡稳定性的 8 个影响因素分别表示为：A（坡度）、B（坡高）、C（坡形）、D（结构面倾角与坡角之差）、E（黏聚力）、F（内摩擦角）、G（土体含水率）、H（防护强度），各个影响因素的三个水平分别表示为：1、2、3，具体见表 4.16。

表 4.16　土质边坡因素水平表

水平	因素							
	A	B	C	D	E	F	G	H
1	30	150	直线	10	20	16	20%	没有防护结构
2	40	200	凸形	20	30	18	40%	重力式挡墙
3	50	250	凹形	30	40	20	60%	抗滑桩

同理，影响岩质边坡稳定性的 7 个因素三水平分别用字母 A（坡度）、B（坡高）、C（坡形）、D（结构面组数）、E（黏聚力）、F（内摩擦角）、G（防护强度）和数字 1、2、3 表示，具体见表 4.17。

表 4.17　岩质边坡因素水平表

水平	因素						
	A	B	C	D	E	F	G
1	60	150	直线	1	1 000	35	没有防护结构
2	70	200	凸形	2	1 500	40	重力式挡墙
3	80	250	凹形	3	2 000	45	抗滑桩

（1）土质边坡极差分析。

对于土质边坡，首先将 A 因素 1 水平的 9 次试验（第 1~9 号试验）算作第 1 组，同样，把包含 A 因素 2 水平的 9 次试验和 3 水平的 9 次试验（第 10~18 号及第 19~27 号实验）分别算作第 2 组、第 3 组。那么，27 次试验就分成了 3 组，在这 3 组试验中，各因素各水平出现的情况见表 4.18。

表 4.18 土质边坡因素水平试验结果

试验	A	B	C	D	E	F	G	H	安全系数
1	1	1	1	1	1	1	1	1	0.683
2	1	2	3	2	2	2	1	2	0.804
3	1	3	2	3	3	3	1	3	0.791
4	1	3	2	1	1	1	2	2	0.585
5	1	1	1	2	2	2	2	3	1.141
6	1	2	3	3	3	3	2	1	0.795
7	1	2	3	1	1	1	3	3	0.905
8	1	3	2	2	2	2	3	1	0.673
9	1	1	1	3	3	3	3	2	1.000
10	2	3	1	2	3	1	1	2	0.610
11	2	1	3	3	1	2	1	3	1.055
12	2	2	2	1	2	3	1	1	0.559
13	2	2	2	2	3	1	2	3	0.855
14	2	3	1	3	1	2	2	1	0.572
15	2	1	3	1	2	3	2	2	0.632
16	2	1	3	2	3	1	3	1	0.558
17	2	2	2	3	1	2	3	2	0.627
18	2	3	1	1	2	3	3	3	0.953
19	3	2	1	3	2	1	1	3	0.818
20	3	3	3	1	3	2	1	1	0.455
21	3	1	2	2	1	3	1	2	0.387
22	3	1	2	3	2	1	2	1	0.347
23	3	2	1	1	3	2	2	2	0.648
24	3	3	3	2	1	3	2	3	1.023
25	3	3	3	3	2	1	3	2	0.509
26	3	1	2	1	3	2	3	3	0.999
27	3	2	1	2	1	3	3	1	0.428

可以看出，在 A 因素的 1、2、3 水平各自所在的那组试验中，其他因素（B、C、D、E、F、G、H）的 1、2、3 水平分别出现了 3 次。

把 A 因素第 1 组试验得到的安全系数相加，其和记作 I；把 A 因素第 2 组试验得到的安全系数相加，其和记作 II；将 A 因素第 3 组试验得到的安全系数相加，其和记作 III。

可以将数据 I 看作是 A 因素 1 水平对试验的影响，即在这 9 次试验中，只有 A 因素 1 水平出现 9 次会对试验产生影响，而其余 B、C、D、E、F、G、H 7 个因素的 1、2、3 水平各出现 3 次，其对试验结果的影响相同，可忽略不计。数据 II（III）反映了 9 次 A 因素 2（3）水平对试验结果产生的影响。同理可分别计算出 B、C、D、E、F、G、H 7 个因素的 1、2、3 水平对试验结果产生的影响。

算出 A 因素 I、II、III 中最大值和最小值之差，可以得到极差。同理，可分别算出其余 8 个因素的极差，每个因素算出的极差大小，反映了该因素所选取的水平变动对指标影响的大小。因此，各因素对边坡稳定性影响的大小排序如下：H（防护强度）>F（内摩擦角）>E（黏聚力）>D（结构面倾角与坡角之差）>G（土体含水率）>A（坡度）>B（坡高）>C（坡形）。

综上可以看出，在评价指标类方面：地质条件>几何特征；在评价指标方面：坡度>坡高。因此，该结果与前述土质边坡失稳组合赋权法得到的权重基本一致。

（2）岩质边坡极差分析。

对于岩质边坡，首先将 A 因素 1 水平的 6 次试验（第 1~6 号试验）算作第 1 组，同样，把包含 A 因素 2 水平的 6 次试验和 3 水平的 6 次试验（第 7~12 号及第 13~18 号实验）分别算作第 2 组、第 3 组。那么，18 次试验就分成了 3 组，在这 3 组试验中，各因素的各水平出现的情况见表 4.19。

表 4.19　岩质边坡因素水平试验结果

试验	A	B	C	D	E	F	G	安全系数
1	1	1	1	1	1	1	1	2.530
2	1	3	3	1	2	1	2	2.666
3	1	2	3	3	1	2	3	2.624
4	1	3	2	3	3	2	1	4.120
5	1	1	2	2	2	3	3	6.497
6	1	2	1	2	3	3	2	4.604
7	2	2	1	3	2	1	3	3.110
8	2	1	2	3	3	1	2	4.018
9	2	3	1	2	1	2	2	1.850
10	2	1	3	2	2	2	1	3.552
11	2	2	2	1	1	3	1	2.379
12	2	3	3	1	3	3	3	3.777
13	3	3	2	2	1	1	3	1.967
14	3	2	3	2	3	1	1	3.230
15	3	2	2	1	2	2	2	3.603
16	3	1	1	1	3	2	3	4.603
17	3	1	3	3	1	3	2	2.330
18	3	3	1	3	2	3	1	3.120

可以看出，在 A 因素的 1、2、3 水平各自所在的那组试验中，其他因素（B、C、D、E、F、G、）的 1、2、3 水平分别出现了两次。

把 A 因素第 1 组试验得到的安全系数相加，其和记作 Ⅰ；把 A 因素第二组试验得到的数据相加，其和记作 Ⅱ；将 A 因素第三组试验得到的第 13~18 号数据相加，其和记作 Ⅲ。

可以将数据 Ⅰ 看作是 A 因素 1 水平对试验的影响，即在这 6 次试验中，只有 A 因素 1 水平出现 9 次会对试验产生影响，而其余 B、C、D、E、F、G 6 个因素的 1、2、3 水平各出现 3 次，其对试验结果的影响相同，可忽略不计。数据Ⅱ（Ⅲ）反映了 6 次 A 因素 2、3 水平对试验结果产生的影响。同理可分别计算出 B、C、D、E、F、G 6 个因素的 1、2、3 水平对试验结果产生的影响。

算出 A 因素的Ⅰ、Ⅱ、Ⅲ中最大值和最小值之差，得到极差。同理，可分别算出其余 6 个因素的极差。每个因素算出的极差大小，反映了该因素所选取的水平变动对指标影响的大小。因此，各因素对边坡稳定性影响的大小排序如下：结构面组数>黏聚力>内摩擦角>坡形>坡度>坡高>防护强度。

总体上可以看出，对于一级指标：地质条件>几何特征。对于二级指标：结构面组数>岩体坚硬程度；坡度>坡高。因此，该结果与岩质边坡失稳组合赋权法得到的权重基本一致。

综上所述，通过数值模型的正交试验得到的边坡失稳评价指标权重的重要性排序与组合赋权法一致，表明组合赋权法得到评价指标权重是科学合理的。

第 5 章
山区公路地质灾害和边坡工程风险两步评分法

本章结合《公路养护技术标准》(JTG 5110—2023)、《在役公路边坡工程风险评价技术规程》(T/CECS G：E70-01—2019)、《泥石流灾害防治工程勘查规范（试行）》(T/CAGHP 006—2018)、《地质灾害调查技术要求（1：50 000）》(DD 2019—08)、《地质灾害危险性评估规范》(GB/T 40112—2021) 等，以及营运山区公路风险评价相关文献资料，提出考虑危险性评价、防护工程技术状况与危害性评价的两步风险评价体系，并从危险性、防护工程技术状况、危害性三个方面综合判定崩塌危岩、泥石流、路基水毁、边坡失稳的风险等级。风险评价体系如图 5.1 所示。

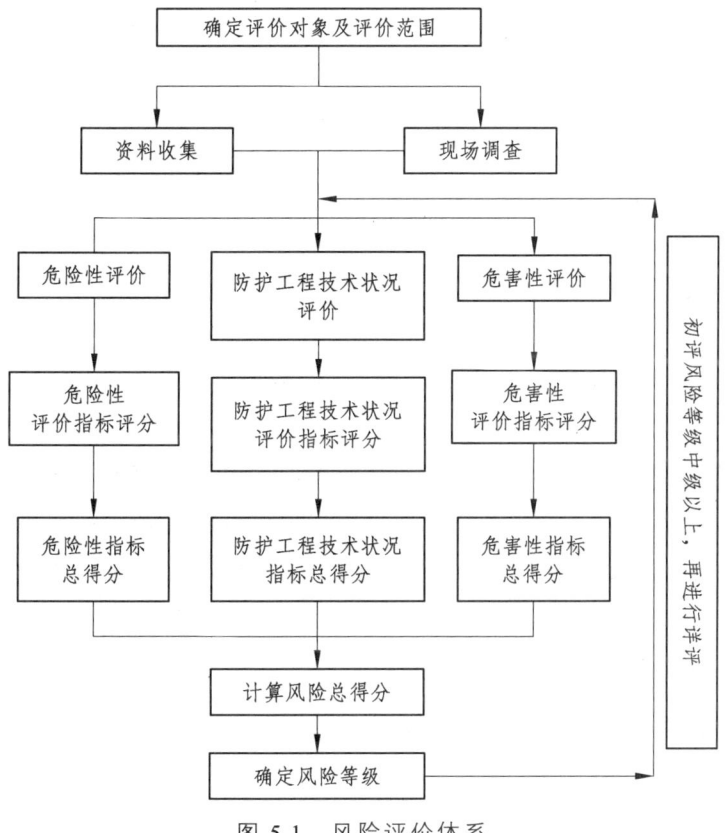

图 5.1 风险评价体系

5.1 基本方法

营运山区公路地质灾害及边坡工程风险评价周期应考虑公路竣工年限、气象、周围环境变化，并按下列原则确定：

（1）持续降雨（特大暴雨）等极端天气或破坏性地震后应及时进行风险评价。

（2）风险评价周期宜与公路大中修周期相适应。

风险评价包括 2 个阶段，即初步风险评价和详细风险评价。2 个阶段分别包括边坡崩塌、边坡泥石流、路基水毁、边坡失稳 4 种灾害类型，并包含 8 张评分表。初步风险评价阶段灾害风险根据危险性、防护工程技术状况及危害性的各项一级指标进行评价。初评风险等级中级以上，再进入详细风险评价阶段。详细风险评价阶段灾害风险根据危险性、防护工程技术状况及危害性的各项一级指标与二级指标进行组合评价。

初步风险评价阶段灾害风险总得分按式（5-1）确定：

$$R = H \times P \times V = \left(\sum_{i=1}^{k} r_{Hi} x_{Hi}\right) \times \left(\sum_{i=1}^{m} r_{Pi} x_{Pi}\right) \times \left(\sum_{i=1}^{y} r_{Vi} x_{Vi}\right) \quad （5-1）$$

式中，R 为灾害风险总得分；H 为危险性指标总得分；P 为防护工程技术状况指标总得分；V 为危害性指标总得分；r_{Hi}、r_{Pi}、r_{Vi} 为危险性指标、防护工程技术状况指标、危害性指标的一级指标的权重；x_{Hi}、x_{Pi}、x_{Vi} 为危险性指标、防护工程技术状况指标、危害性指标的一级指标得分；k、m、y 为危险性指标、防护工程技术状况指标、危害性指标的一级指标的项数。

详细风险评价阶段灾害风险总得分按式（5-2）确定：

$$R = H \times P \times V = \left[\sum_{i=1}^{k} r_{Hi}(\sum_{j=1}^{l} r_{Hij} x_{Hij})\right] \times \left[\sum_{i=1}^{m} r_{Pi}(\sum_{j=1}^{n} r_{Pij} x_{Pij})\right] \times \left[\sum_{i=1}^{y} r_{Vi}(\sum_{j=1}^{z} r_{Vij} x_{Vij})\right] \quad （5-2）$$

式中，r_{Hij}、r_{Pij}、r_{Vij}为危险性指标、防护工程技术状况指标、危害性指标的二级指标的权重；x_{Hij}、x_{Pij}、x_{Vij}为危险性指标、防护工程技术状况指标、危害性指标的二级指标得分；l、n、z为危险性指标、防护工程技术状况指标、危害性指标的二级指标的项数。

风险评价的指标选用和权重确定的具体过程见第4章。崩塌危岩、泥石流、路基水毁、边坡失稳的两级评价指标见图4.2~图4.14，各项评价指标权重采用指标体系法与专家评分法相结合的组合赋权法，指标权重数值见表4.10~表4.13。风险分级标准主要参照《高速公路路堑高边坡工程施工安全风险评估指南》，并根据四川历史灾害数据评分统计结果对其作出一定的调整。初步评价划分为高、中、低三级风险，详细评价划分为极高、高、较高、中、低五级风险。

5.1.1 崩塌危岩初步评价与详细评价评分表

公路边坡崩塌初步评价评分表和详细评价评分表中，一级评价指标分为历史灾害及地质条件、几何特征、气象水文、防护措施和造成后果5项。详细评价是在初步评价的基础上进一步完成二级指标的评价。初步评价评分见表5.1，详细评价评分见表5.2。

表5.1 崩塌危岩风险初步评价评分表

评价指标类	一级评价指标 x_i	权重 r_i	分级	分值	得分
危险性	历史灾害及地质条件（x_1）	0.50	5年发生3次及以上历史灾害；岩体破碎；硬岩夹软岩	10	
			5年发生1~3次历史灾害；岩体较破碎；软硬岩互层	7	
			5年内从未发生历史灾害；岩体完整；软岩	4	
			$H_1 = 0.50 \times x_1$		

续表

评价指标类	一级评价指标 x_i	权重 r_i	分级	分值	得分
危险性	几何特征（x_2）	0.34	坡度大于75°；呈凹形；坡高大于60 m	10	
			坡度在30°~75°；呈凸形；坡高在15~60 m	7	
			坡度不大于30°；呈直线形；坡高不大于15 m	4	
			$H_2 = 0.34 \times x_2$		
	气象水文（x_3）	0.16	年均降雨量大于1 200 mm；常年有坡面水	10	
			年均降雨量在500~1 200 mm；断断续续有坡面水	7	
			年均降雨量小于500 mm；几乎没有坡面水	4	
			$H_3 = 0.16 \times x_3$		
	危险性指标总得分 $H = H_1 + H_2 + H_3$				
防护工程技术状况	防护措施（x_4）	1.00	无防护设施；无排水设施	10	
			无防护设施；有排水设施	8	
			有防护设施；无排水设施	6	
			有防护设施；有排水设施	4	
	防护工程技术状况指标总得分 $P = 1.00 \times x_4$				
危害性	造成后果（x_5）	1.00	高速公路、一级公路；可能断道24 h以上	10	
			二级公路；可能断道12 h~24 h	8	
			三级公路；可能断道1 h~12 h	6	
			四级公路及其他；无断道发生	4	
	危害性指标总得分 $V = 1.00 \times x_5$				
崩塌危岩风险总得分			$R = H \times P \times V$		
崩塌危岩风险等级			$R \geq 900$	高风险	
			$400 \leq R < 900$	中风险	
			$R < 400$	低分险	

注：对于历史灾害及地质条件、几何特征两个一级评价指标，若有两项及以上满足分级标准则按照表中的建议分值取值；若不满足则统一取值为5分。对于气象水文与造成后果两个一级评价指标，两项分级标准均满足则按照表中的建议分值取值；若不满足则取加权平均值。

表 5.2 崩塌危岩风险详细评价评分表

评价指标类	一级评价指标 x_i	权重 r_i	二级评价指标 x_{ij}	权重 r_{ij}	分级		分值	得分
危险性	历史灾害及地质条件（x_1）	0.50	历史灾害（x_{11}）	0.45	5年发生3次及以上		10	
					5年发生1~3次		7	
					5年内从未发生		5	
			岩体完整程度（x_{12}）	0.30	结构面组数	>3	10	
						2~3	6	
						≤1	2	
					结构面平均间距	≤0.2 m	10	
						0.2~0.4 m	8	
						0.4~1 m	6	
						>1 m	5	
					主要结构面结合程度	差	10	
						一般	7	
						好	5	
			岩体坚硬程度（x_{13}）	0.17	硬岩夹软岩		10	
					软硬岩互层		8	
					硬岩		6	
					软岩		4	
			岩体风化程度（x_{14}）	0.08	全风化		10	
					强风化		7	
					中风化		5	
					微风化		2	
			$H_1 = 0.50 \times (0.45 \times x_{11} + 0.30 \times x_{12} + 0.17 \times x_{13} + 0.08 \times x_{14})$					
	几何特征（x_2）	0.34	坡度（x_{21}）	0.47	>75°		10	
					60°~75°		8	
					45°~60°		6	
					30°~45°		4	
					≤30°		2	

续表

评价指标类	一级评价指标 x_i	权重 r_i	二级评价指标 x_{ij}	权重 r_{ij}	分级	分值	得分
危险性	几何特征 (x_2)	0.34	坡形 (x_{22})	0.34	凹形	10	
					凸形	8	
					直线形	4	
			坡高 (x_{23})	0.19	>60 m	10	
					30~60 m	8	
					15~30 m	6	
					8~15 m	4	
					≤8 m	2	
			$H_2 = 0.34 \times (0.47 \times x_{21} + 0.34 \times x_{22} + 0.19 \times x_{23})$				
	气象水文 (x_3)	0.16	年均降雨量 (x_{31})	0.66	>1 200 mm	10	
					1 000~1 200 mm	8	
					800~1 000 mm	6	
					500~800 mm	5	
					<500 mm	4	
危险性	气象水文 (x_3)	0.16	坡面水 (x_{32})	0.34	常年有坡面水	10	
					偶尔有坡面水	7	
					几乎没有坡面水	2	
			$H_3 = 0.16 \times (0.66 \times x_{31} + 0.34 \times x_{32})$				
			危险性指标总得分 $H = H_1 + H_2 + H_3$				
防护工程技术状况	防护措施 (x_4)	1.00	防护强度 (x_{41})	0.70	无防护措施或防护措施基本失效	10	
					防护明显偏弱或防护工程措施遭到较大破坏或功能受到较大影响	7	
					防护稍弱或防护工程措施遭到局部破坏或功能受到局部影响	4	
					防护强度适宜,且防护工程措施基本完好	2	

续表

评价指标类	一级评价指标 x_i	权重 r_i	二级评价指标 x_{ij}	权重 r_{ij}	分级	分值	得分
防护工程技术状况	防护措施 (x_4)	1.00	排水措施 (x_{42})	0.30	无排水设施	10	
					有排水设施，但大小或数量不足	5	
					合适数量或大小的排水设施	3	
	防护工程技术状况指标总得分 $P = 0.70 \times x_{41} + 0.30 \times x_{42}$							
危害性	造成后果 (x_5)	1.00	断道时间 (x_{51})	0.54	可能断道 24 h 以上	10	
					可能断道 12~24 h	9	
					可能断道 1~12 h	5	
					无断道发生	2	
			公路等级 (x_{52})	0.46	高速公路、一级公路	10	
					二级公路	8	
					三级公路	6	
					四级公路及其他	4	
	危害性指标总得分 $V = 0.54 \times x_{51} + 0.46 \times x_{52}$							
崩塌危岩风险总得分	$R = H \times P \times V$						
崩塌危岩风险等级			$R \geqslant 900$		极高风险		
			$700 \leqslant R < 900$		高风险		
			$600 \leqslant R < 700$		较高风险		
			$400 \leqslant R < 600$		中风险		
			$R \leqslant 400$		低分险		

注：岩体完整程度（x_{12}）得分取结构面组数、结构面平均间距与主要结构面结合程度三项的平均值。

5.1.2 泥石流初步评价与详细评价评分表

公路边坡泥石流初步评价与详细评价评分表中的一级评价指标为历史灾害及物源条件、地形条件、气象水文、防护措施、造成后果5种。

详细评价是在初步评价的基础上进一步完成二级指标的评价。初步评价评分表见表5.3，详细评价评分表见表5.4。

表 5.3 泥石流风险初步评价评分表

评价指标类	一级评价指标 x_i	权重 r_i	分级	分值	得分
危险性	历史灾害及物源条件（x_1）	0.46	1年发生多次至5年发生1次历史灾害；物源丰富；黏土到漂石，含各级粒径松散物源	10	
			5年发生1次至50年发生1次历史灾害；物源丰富程度中等；以碎石、砂砾为主	7	
			50年内从未发生历史灾害；物源贫瘠；以黏土、粉土为主	4	
			$H_1 = 0.46 \times x_1$		
	地形地貌（x_2）	0.31	沟岸山坡坡度大于32°；主沟长度大于10 km；流域面积大于100 km²	10	
			沟岸山坡坡度在25°~32°；主沟长度为5~10 km；流域面积为10~100 km²	7	
			沟岸山坡坡度在15°~25°；主沟长度为1~5 km；流域面积为5~10 km²	5	
			沟岸山坡坡度小于15°；主沟长度大于小于1 km；流域面积小于5 km²	2	
			$H_2 = 0.31 \times x_2$		
	气象水文（x_3）	0.23	年均降雨量大于1 200 mm；汇水条件较好	10	
			年均降雨量在500~1 200 mm；汇水条件中等	7	
			年均降雨量小于500 mm；汇水条件较差	4	
			$H_3 = 0.23 \times x_3$		
			危险性指标总得分 $H = H_1 + H_2 + H_3$		

续表

评价指标类	一级评价指标 x_i	权重 r_i	分级	分值	得分
防护工程技术状况	防护措施 (x_4)	1.00	拦挡措施损毁失效；泥石流严重威胁构（建）筑物但未设置拦挡	10	
			拦挡措施遭到较大破坏或功能受到较大影响	7	
			拦挡及排导工程遭到局部破坏或功能受到局部影响	4	
			拦挡及排导工程基本完好或无需设置防护工程	2	
	防护工程技术状况指标总得分 $P=1.00\times x_4$				
危害性	造成后果 (x_5)	1.00	公路位于泥石流能直接到达的地区；高速公路、一级公路；可能断道 24 h 以上	10	
			公路位于泥石流溃坝后可能到达的地区；二级公路；可能断道 12 h～24 h	8	
			公路位于可能间接受到泥石流危害的牵连发生某些级别灾害的地区；三级公路；可能断道 1 h～12 h	5	
			公路位于泥石流影响区之外的地区；四级公路及其他；无断道发生	3	
	危害性指标总得分 $V=1.00\times x_5$				
泥石流风险总得分			$R=H\times P\times V$		
泥石流风险等级			$R\geqslant 400$	高风险	
			$150\leqslant R<400$	中风险	
			$R<150$	低分险	

注：对于历史灾害及物源条件、造成后果两个一级评价指标，若有两项满足分级指标则按照表中的建议分值取值；若不满足则统一取值为 5 分。对于气象水文一级评价指标，两项分级标准均满足则按照表中的建议分值取值；若不满足则取加权平均值。

表 5.4 泥石流风险详细评价评分表

评价指标类	一级评价指标 x_i	权重 r_i	二级评价指标 x_{ij}	权重 r_{ij}	分级	分值	得分
危险性	历史灾害及物源条件 (x_1)	0.46	历史灾害 (x_{11})	0.37	1年多次至5年1次	10	
					5年发生1次至50年发生1次	7	
					50年内从未发生	5	
			物源类型 (x_{12})	0.28	黏土到漂石，含各级粒径松散物源	10	
					碎石、砂砾为主	7	
					黏土、粉土为主	4	
			一次最大冲出量 (x_{13})	0.20	$>100\times10^4$ m³	10	
					$10\times10^4 \sim 100\times10^4$ m³	7	
					$1\times10^4 \sim 10\times10^4$ m³	5	
					$<1\times10^4$ m³	2	
			沿沟松散物储量 (x_{14})	0.15	$>10\times10^4$ m³/km²	10	
					$5\times10^4 \sim 10\times10^4$ m³/km²	7	
					$1\times10^4 \sim 5\times10^4$ m³/km²	5	
					$<1\times10^4$ m³/km²	2	
					$H_1 = 0.46 \times (0.37 \times x_{11} + 0.20 \times x_{12} + 0.28 \times x_{13} + 0.15 \times x_{14})$		
	地形地貌 (x_2)	0.31	山坡坡度 (x_{21})	0.40	$>32°$	10	
					$25° \sim 32°$	7	
					$15° \sim 25°$	5	
					$<15°$	2	
			主沟长度 (x_{22})	0.30	>10 km	10	
					$5 \sim 10$ km	7	
					$1 \sim 5$ km	5	
					<1 km	2	

续表

评价指标类	一级评价指标 x_i	权重 r_i	二级评价指标 x_{ij}	权重 r_{ij}	分级		分值	得分
危险性	地形地貌（x_2）	0.31	流域面积（x_{23}）	0.20	>100 km²		10	
					10～100 km²		8	
					5～10 km²		6	
					<5 km²		2	
			沟谷横断面形状（x_{24}）	0.10	V形、U形、谷中谷形		10	
					宽U形		7	
					复式断面形		5	
					平坦形		2	
			$H_2 = 0.31 \times (0.40 \times x_{21} + 0.30 \times x_{22} + 0.20 \times x_{23} + 0.10 \times x_{24})$					
	气象水文（x_3）	0.23	年均降雨量（x_{31}）	0.42	>1 200 mm		10	
					1 000～1 200 mm		8	
					800～1 000 mm		6	
					500～800 mm		5	
					<500 mm		4	
			汇水条件（x_{32}）	0.23	较好		10	
					中等		5	
					较差		2	
	气象水文（x_3）	0.23	年均最大单日降雨量（x_{33}）	0.35	震前	震后	—	
					>250 mm	>200 mm	10	
					150～250 mm	120～200 mm	8	
					50～150 mm	40～120 mm	6	
					<50 mm	<40 mm	4	
			$H_3 = 0.23 \times (0.42 \times x_{31} + 0.23 \times x_{32} + 0.35 \times x_{33})$					
			危险性指标总得分 $H = H_1 + H_2 + H_3$					

续表

评价指标类	一级评价指标 x_i	权重 r_i	二级评价指标 x_{ij}	权重 r_{ij}	分级	分值	得分
防护工程技术状况	防护措施（x_4）	1.00	防护强度（x_{41}）	1.00	拦挡措施损毁失效；泥石流严重威胁构（建）筑物但未设置拦挡	10	
					拦挡措施遭到较大破坏或功能受到较大影响	7	
					拦挡及排导工程遭到局部破坏或功能受到局部影响	4	
					拦挡及排导工程基本完好或无需设置防护工程	2	
	防护工程技术状况指标总得分 $P = x_{41}$						
危害性	造成后果（x_5）	1.00	泥石流与公路空间关系（x_{51}）	0.46	公路位于泥石流能直接到达的地区	10	
					公路位于泥石流溃坝后可能到达的地区	7	
					公路位于可能间接受到泥石流危害的牵连发生某些级别灾害的地区	4	
					公路位于泥石流影响区之外的地区	2	
			断道时间（x_{52}）	0.28	可能断道 24 h 以上	10	
					可能断道 12~24 h	9	
					可能断道 1~12 h	5	
					无断道发生	2	
			公路等级（x_{53}）	0.26	高速公路、一级公路	10	
					二级公路	8	
					三级公路	6	
					四级公路及其他	4	
	危害性指标总得分 $V = 0.46 \times x_{51} + 0.28 \times x_{52} + 0.26 \times x_{53}$						

续表

评价指标类	一级评价指标 x_i	权重 r_i	二级评价指标 x_{ij}	权重 r_{ij}	分级	分值	得分
泥石流风险总得分					$R = H \times P \times V$		
泥石流风险等级					$R \geqslant 400$ 极高风险		
					$350 \leqslant R < 400$ 高风险		
					$300 \leqslant R < 350$ 较高风险		
					$150 \leqslant R < 300$ 中风险		
					$R < 150$ 低风险		

5.1.3 路基水毁初步评价与详细评价评分表

公路路基水毁初步评价与详细评价评分表，指一级评价指标为抗冲刷能力、水文条件、河床几何形态、防护措施和造成后果5种。详细评价是在初步评价的基础上进一步完成二级指标的评价。初步评价评分表见表5.5，详细评价评分表见表5.6。

表 5.5 路基水毁风险初步评价评分表

评价指标类	一级评价指标 x_i	权重 r_i	分级	分值	得分
危险性	抗冲刷能力 (x_1)	0.47	路基局部垮塌，路面裂缝贯通、错台，挡墙垮塌或严重开裂变形；天然岸坡为细砂、粉土、黏土；河床基质以砾石、砂土为主	10	
			路面局部出现裂缝，挡墙出现较严重变形，基础遭冲刷脱空；天然岸坡为砾石土、漂卵块石；河床基质以卵石为主	7	
			路面及挡墙无明显裂缝；天然岸坡为基岩；河床基质以漂石为主	4	
			$H_1 = 0.47 \times x_1$		

续表

评价指标类	一级评价指标 x_i	权重 r_i	分级	分值	得分
危险性	水文条件（x_2）	0.32	汛期水位高于路基顶面	10	
			汛期水位在坡脚至路基顶面上1/3段	7	
			汛期水位在坡脚至路基顶面下2/3段	3	
			汛期水位低于路基坡脚	1	
			$H_2 = 0.32 \times x_2$		
	河床几何形态（x_3）	0.21	凹岸；V形断面	10	
			凸岸；U形断面	6	
			顺直；U形断面	3	
			$H_3 = 0.21 \times x_3$		
	危险性指标总得分 $H = H_1 + H_2 + H_3$				
防护工程技术状况	防护措施（x_4）	1.00	无防护	10	
			有防护	5	
	防护工程技术状况指标总得分 $P = 1.00 \times x_4$				
危害性	造成后果（x_5）	1.00	高速公路、一级公路；可能断道24 h以上	10	
			二级公路；可能断道12～24 h	8	
			三级公路；可能断道1～12 h	6	
			四级公路及其他；无断道发生	4	
	危害性指标总得分 $V = 1.00 \times x_5$				
路基水毁风险总得分	$R = H \times P \times V$				
路基水毁风险等级	$R \geq 700$		高风险		
	$200 \leq R < 700$		中风险		
	$R < 200$		低风险		

注：对于抗冲刷能力一级评价指标，若其三项分级标准有两项以上满足则按照表中的建议分值取值；若不满足则统一取值为5分。对于河床几何形态与造成后果两个一级评价指标，两项分级标准均满足则按照表中的建议分值取值；若不满足则取加权平均值。

表 5.6 路基水毁风险详细评价评分表

评价指标类	一级评价指标 x_i	权重 r_i	二级评价指标 x_{ij}	权重 r_{ij}	分级	分值	得分
危险性	抗冲刷能力 (x_1)	0.47	变形特征 (x_{11})	0.48	路基局部垮塌，路面裂缝贯通、错台，挡墙垮塌或严重开裂变形	10	
					路面局部出现裂缝，挡墙出现较严重变形，基础遭冲刷脱空	7	
					路面无裂缝，但有其他变形迹象，挡墙基础遭受冲刷外露	5	
					路面完好无变形迹象，挡墙基本完好	2	
			天然岸坡 (x_{12})	0.32	细砂、粉土、黏土等	10	
					砾石土	7	
					漂卵块石	5	
					基岩	3	
			河床基质 (x_{13})	0.20	砂土为主	10	
					砾石为主	7	
					卵石为主	3	
					漂石为主	1	
			$H_1=0.47\times(0.48\times x_{11}+0.32\times x_{12}+0.20\times x_{13})$				
	水文条件 (x_2)	0.32	汛期水位 (x_{21})	0.46	高于路基顶面	10	
					坡脚至路基顶面上 1/3 段	7	
					坡脚至路基顶面下 2/3 段	3	
					低于路基坡脚	1	
			汛期流速 (x_{22})	0.54	$v\geqslant 10$ m/s	10	
					7 m/s$\leqslant v<$10 m/s	8	
					4 m/s$\leqslant v<$7 m/s	6	
					2 m/s$\leqslant v<$4 m/s	4	
					$v<2$ m/s	2	
			$H_2=0.32\times(0.46\times x_{21}+0.54\times x_{22})$				

续表

评价指标类	一级评价指标 x_i	权重 r_i	二级评价指标 x_{ij}	权重 r_{ij}	分级	分值	得分
危险性	河床几何形态（x_3）	0.21	凹、凸岸（x_{31}）	0.40	凹岸	10	
					凸岸	5	
					顺直	3	
			河床横断面形式（x_{32}）	0.12	V形断面	10	
					U形断面	5	
			河床比降（x_{33}）	0.28	极陡（$I \geq 4\%$）	10	
					陡（$1.5\% \leq I < 4\%$）	8	
					较陡（$1\% \leq I < 1.5\%$）	6	
					较缓（$0.5\% \leq I < 1\%$）	4	
					平缓（$0.01\% \leq I < 0.5\%$）	2	
			河流平面形态（x_{34}）	0.20	弯曲河段，$\theta \geq 90°$	10	
					弯曲河段，$45° < \theta < 90°$	7	
					弯曲河段，$\theta \leq 45°$	4	
					顺直河段	2	
					$H_3 = 0.21 \times (0.40 \times x_{31} + 0.12 \times x_{32} + 0.28 \times x_{33} + 0.20 \times x_{34})$		
				危险性指标总得分 $H = H_1 + H_2 + H_3$			
防护工程技术状况	防护措施（x_4）	1.00	防护强度（x_{41}）	1.00	无防护措施	10	
					铅丝石笼挡墙、四面体预制块等	7	
					基础未置于基岩的混凝土挡墙；片石混凝土挡墙、浆砌片石挡墙等	4	
					桩基托梁挡墙、现浇桩板墙；基础置于基岩上的钢筋混凝土挡墙、素混凝土挡墙等	2	
			防护工程技术状况指标总得分 $P = x_{41}$				

续表

评价指标类	一级评价指标 x_i	权重 r_i	二级评价指标 x_{ij}	权重 r_{ij}	分级	分值	得分
危害性	造成后果 (x_5)	1.00	断道时间 (x_{51})	0.54	可能断道 24 h 以上	10	
					可能断道 12~24 h	9	
					可能断道 1~12 h	5	
					无断道发生	2	
			公路等级 (x_{52})	0.46	高速公路、一级公路	10	
					二级公路	8	
					三级公路	6	
					四级公路及其他	4	
	危害性指标总得分 $V = 0.54 \times x_{51} + 0.46 \times x_{52}$							
路基水毁风险总得分	$R = H \times P \times V$						
路基水毁风险等级	$R \geqslant 700$				极高风险		
	$600 \leqslant R < 700$				高风险		
	$350 \leqslant R < 600$				较高风险		
	$200 \leqslant R < 350$				中风险		
	$R < 200$				低风险		

5.1.4 边坡失稳初步评价与详细评价评分表

公路边坡失稳初步评价与详细评价评分表的指标为变形特征及地质条件、气象水文、几何特征、防护措施和造成后果 5 种。详细评价是在初步评价的基础上进一步完成二级指标的评价。初步评价评分表见表 5.7，详细评价评分表见表 5.8。

表 5.7 边坡失稳风险初步评价评分表

评价指标类	一级评价指标 x_i	权重 r_i	分级	分值	得分
危险性	变形特征及地质条件 (x_1)	0.50	坡体变形特征明显;岩质边坡为含软弱结构面的顺层边坡,且存在临空面;土质边坡为含软弱夹层的黏性土坡体,边界条件不利于边坡稳定	10	
			坡体出现部分变形;岩质边坡为破碎、全风化坡体;土质边坡以粉土、砂土为主	7	
			坡体轻微或少量变形;岩质边坡岩体较完整、风化程度低;土质边坡以碎石土为主	4	
			坡体无变形迹象;岩质边坡完整、无缓倾、贯通结构面;土质边坡以块石土为主	1	
	\multicolumn{4}{c	}{$H_1 = 0.50 \times x_1$}	
	气象水文 (x_2)	0.20	年均降雨量在 1 200 mm 以上;地表水坡面冲刷强烈;地下水面状渗流	10	
			年均降雨量在 500~1 200 mm;地表水坡面轻微冲刷;地下水线状或点状渗流	7	
			年均降雨量在 500 mm 以下;地表水坡面无冲刷;无地下水出露	4	
	\multicolumn{4}{c	}{$H_2 = 0.20 \times x_2$}	
	几何特征 (x_3)	0.30	岩质边坡坡度大于 67°,坡高大于 60 m;或土质边坡坡度大于 48°,坡高大于 40 m	10	
			岩质边坡坡度在 58°~67°,坡高在 30~60 m;或土质边坡坡度在 42°~48°,坡高在 20~40 m	8	
			岩质边坡坡度在 49°~58°,坡高在 15~30 m;或土质边坡坡度在 37°~42°,坡高在 10~20 m	6	

续表

评价指标类	一级评价指标 x_i	权重 r_i	分级	分值	得分
危险性	几何特征（x_3）	0.30	岩质边坡坡度在 42°~49°，坡高在 8~15 m；或土质边坡坡度在 32°~37°，坡高在 6~10 m	4	
			岩质边坡坡度不大于 42°，坡高不大于 8 m；或土质边坡坡度不大于 32°，坡高不大于 6 m	2	
			$H_3 = 0.30 \times x_3$		
	危险性指标总得分 $H = H_1 + H_2 + H_3$				
防护工程技术状况	防护措施（x_4）	1.00	无防护设施；无排水设施	10	
			无防护设施；有排水设施	8	
			有防护设施；无排水设施	6	
			有防护设施；有排水设施	4	
	防护工程技术状况指标总得分 $P = 1.00 \times x_4$				
危害性	造成后果（x_5）	1.00	高速公路、一级公路；可能断道 24 h 以上	10	
			二级公路；可能断道 12~24 h	8	
			三级公路；可能断道 1~12 h	6	
			四级公路及其他；无断道发生	4	
	危害性指标总得分 $V = 1.00 \times x_5$				
边坡失稳风险总得分		$R = H \times P \times V$			
边坡失稳风险等级		$R \geq 700$	高风险		
		$200 \leq R < 700$	中风险		
		$R < 200$	低风险		

注：对于气象水文一级评价指标，若其三项分级标准至少有两项满足则按照表中的建议分值取值；若不满足则统一取值为 5 分。对于变形特征及地质条件，若变形特征、岩土体性质某一项满足要求则按"就高、不利原则"取对应分值。对于几何特征和造成后果三个一级评价指标，满足分级指标中的两项即按照表中的对应分值取值；若不满足则取加权平均值。

表 5.8 边坡失稳风险详细评价评分表

评价指标类	一级评价指标 x_i	权重 r_i	二级评价指标 x_{ij}	权重 r_{ij}	分级		分值	得分
危险性	变形特征及地质条件（x_1）	0.50	岩质边坡	变形特征（x_{11}）	0.38	坡体变形特征明显，滑面基本贯通		10	
					坡体有部分变形，滑面未贯通		7	
					轻微或少量变形，存在潜在滑面		4	
					坡体无变形迹象，无潜在滑面		1	
				岩体完整程度（x_{12}）	0.22	结构面组数	>3	10	
						2~3	6	
						≤1	2	
					结构面平均间距	≤0.2 m	10	
						0.2~0.4 m	8	
						0.4~1 m	6	
						>1 m	5	
					主要结构面结合程度	差	10	
						一般	7	
						好	5	
				结构面倾向与坡面倾向间的夹角（x_{13}）	0.20	≤5		10	
					10~5		7	
					20~10		5	
					30~20		2	
					>30		0	
				结构面倾角与坡面倾角之差（x_{14}）	0.13	≤-10		10	
					0~-10		7	
					0		5	
					10~0		2	
					>10		0	

续表

评价指标类	一级评价指标 x_i	权重 r_i	二级评价指标 x_{ij}	权重 r_{ij}	分级		分值	得分
危险性	变形特征及地质条件（x_1）	0.50	岩质边坡	岩石坚硬程度（x_{15}）	0.07	极软岩	10	
						软岩	8	
						较软岩	6	
						较坚硬岩	4	
						坚硬岩	2	
			$H_1=0.50\times(0.38\times x_{11}+0.22\times x_{12}+0.20\times x_{13}+0.13\times x_{14}+0.07\times x_{15})$					
			土质边坡	变形特征（x_{11}）	0.42	边坡后缘或前缘出现明显裂缝，存在贯通滑面	10	
						边坡后缘或前缘出现少量裂缝，未见贯通滑面	7	
						坡体未见变形，无贯通滑面	5	
				土体类型（非黏土/黏土）（x_{12}）	0.26/0.28	黏性土	10	
						粉土	7	
						砂土	4	
						碎石土	2	
				土体密实度（非黏土）（x_{13}）	0.18	碎石土、砂土、粉土	松散	10	
							稍密	7	
							中密	5	
							密实	2	
				土体含水状态（非黏土）（x_{14}）	0.14	碎石土、砂土、粉土	很湿	10	
							湿	5	
							稍湿	2	
				稠度（黏土）（x_{15}）	0.30	黏性土	软塑	10	
							可塑	7	
							硬塑	5	
							坚硬	2	
			黏土：$H_1=0.50\times(0.42\times x_{11}+0.28\times x_{12}+0.30\times x_{15})$；非黏土：$H_1=0.50\times(0.42\times x_{11}+0.26\times x_{12}+0.18\times x_{13}+0.14\times x_{14})$					

续表

评价指标类	一级评价指标 x_i	权重 r_i	二级评价指标 x_{ij}	权重 r_{ij}	分级		分值	得分
危险性	气象水文（x_2）	0.20	年均降雨量（x_{21}）	0.45	>1 200 mm		10	
					1 000～1 200 mm		8	
					800～1 000 mm		6	
					500～800 mm		5	
					<500 mm		4	
			地表水（x_{22}）	0.33	坡面冲刷强烈		10	
					坡面轻微冲刷		6	
					坡面无冲刷		0	
			地下水（x_{23}）	0.22	面状渗流		10	
					线状渗流		7	
					点状渗流		5	
					无地下水出露		0	
			$H_2=0.20\times(0.45\times x_{21}+0.33\times x_{22}+0.22\times x_{23})$					
	几何特征（x_3）	0.30	坡度（x_{31}）	0.65	土质边坡	>48°	10	
						42°～48°	7	
						37°～42°	5	
						32°～37°	3	
						≤32°	1	
					岩质边坡	>67°	10	
						58°～67°	9	
						49°～58°	7	
						42°～49°	5	
						≤42°	2	
			坡高（x_{32}）	0.35	土质边坡	>40 m	10	
						20～40 m	7	
						10～20 m	5	
						6～10 m	3	
						≤6 m	1	

续表

评价指标类	一级评价指标 x_i	权重 r_i	二级评价指标 x_{ij}	权重 r_{ij}	分级		分值	得分
危险性	几何特征 (x_3)	0.30	坡高 (x_{32})	0.35	岩质边坡	>60 m	10	
						30~60 m	9	
						15~30 m	7	
						8~15 m	5	
						≤8 m	2	
	$H_3=0.30\times(0.65\times x_{31}+0.35\times x_{32})$							
	危险性指标总得分 $H=H_1+H_2+H_3$							
防护工程技术状况	防护措施 (x_4)	1.00	防护强度 (x_{41})	0.66	无（无防护、植物护坡、挂网植草）		10	
					弱（护面墙、挂网喷浆、网格护坡、护脚墙）		7	
					中（重力式挡墙、锚杆）		4	
					强（抗滑桩、预应力锚索）		2	
防护工程技术状况	防护措施 (x_4)	1.00	排水设施 (x_{42})	0.34	无排水设施		10	
					有排水设施，但大小或数量不足		5	
					合适数量或大小的排水设施		3	
	防护工程技术状况指标总得分 $P_3=0.66\times x_{41}+0.34\times x_{42}$							
危害性	造成后果 (x_5)	1.00	断道时间 (x_{51})	0.54	可能断道 24 h 以上		10	
					可能断道 12~24 h		9	
					可能断道 1~12 h		5	
					无断道发生		2	
			公路等级 (x_{52})	0.46	高速公路、一级公路		10	
					二级公路		8	
					三级公路		6	
					四级公路及其他		4	
	危害性指标总得分 $V=0.54\times x_{51}+0.46\times x_{52}$							

续表

评价指标类	一级评价指标 x_i	权重 r_i	二级评价指标 x_{ij}	权重 r_{ij}	分级	分值	得分
边坡失稳风险总得分					$R = H \times P \times V$		
边坡失稳风险等级					$R \geqslant 700$	极高风险	
					$500 \leqslant R < 700$	高风险	
					$350 \leqslant R < 500$	较高风险	
					$200 \leqslant R < 350$	中风险	
					$R < 200$	低风险	

5.2 各灾害类型风险等级表征

在现场地质灾害调查中，需要根据灾害的表征特点对风险进行预估，以对照验证风险初步、详细评分表的风险评价结果。本节制定了上述四种灾害的风险等级表征特点，具体见表 5.9～表 5.16。

表 5.9 崩塌危岩风险表征特点（初步）

高风险	历史上多次发生崩塌落石，岩体坡度大于 60°，岩体破碎；防护结构部分损坏；崩塌发生后，公路及其构筑物遭到破坏或功能受到影响，交通中断，抢修处置时间预计在 1 h 以上
中风险	历史上未发生崩塌落石，岩体坡度 45°～60°，岩体较完整；防护结构完好；崩塌发生后，公路及其构筑物仅受到很小影响，交通中断在 1 h 以内或可不中断交通进行处置
低风险	历史上从未发生崩塌落石，岩体坡度小于 45°，岩体完整；未来发生崩塌落石可能较小，公路及其构筑物不会受到影响

表 5.10　泥石流风险表征特点（初步）

高风险	历史上发生泥石流，有明显的泥石流沟谷，物源丰富；泥石流发生后，公路及其构筑物遭到破坏或功能受到影响，交通中断，抢修处置时间预计在 1 h 以上
中风险	历史上未发生泥石流，有不明显的泥石流沟谷，存在少量物源；泥石流排导设施完好；泥石流发生后，公路及其构筑物仅受到很小影响，交通中断在 1 h 以内或可不中断交通进行处置
低风险	历史上未发生泥石流，无明显的泥石流沟谷，物源匮乏；未来发生泥石流可能性较小，公路及其构筑物不会受到影响

表 5.11　边坡失稳风险表征特点（初步）

高风险	有贯通或潜在滑动面；边坡有裂缝；防护结构有变形或失效可能；边坡破坏后，公路及其构筑物遭到破坏或功能受到影响，交通中断，抢修处置时间预计在 1 h 以上
中风险	有潜在滑动面；边坡未见明显裂缝；防护结构未见明显变形；边坡破坏后，公路及其构筑物仅受到很小影响，交通中断在 1 h 以内或可不中断交通进行处置
低风险	无潜在滑动面；无边坡裂缝出现；防护结构完好，公路及其构筑物不会受到影响

表 5.12　路基水毁风险表征特点（初步）

高风险	冲刷岸，堤岸为粗粒土或细粒土，汛期洪水频繁，冲刷淘蚀路基结构；防护结构损坏；路基表面存在裂缝；未来可能发生路基垮塌，造成断道 12 h 以上
中风险	冲刷岸，堤岸为基岩，汛期偶发洪水，不直接冲刷淘蚀路基结构；防护结构完好；路基完好；未来可能发生小型路基垮塌，造成断道 12 h 以下
低风险	非冲刷岸，堤岸为基岩，汛期洪水水位和流速低，不冲刷淘蚀路基结构；路基表面完好无损；未来发生路基垮塌的可能性小

表 5.13 崩塌危岩风险表征特点（详细）

极高风险	历史上频繁发生大型崩塌，岩体坡度大于 60°，岩体极破碎；无防护结构（或设施破坏）；崩塌发生后，公路及其构筑物完全破坏或功能完全丧失，交通中断，抢修处置时间预计在 24 h 以上
高风险	历史上多次发生崩塌落石，岩体坡度大于 60°，岩体破碎；防护结构部分损坏；崩塌发生后，公路及其构筑物遭到较大破坏或功能受到较大影响，交通中断，抢修处置时间预计在 12 h 以上
较高风险	历史上偶尔发生崩塌落石，岩体坡度大于 60°，岩体较破碎；防护结构基本完好；崩塌发生后，公路及其构筑物遭到局部破坏或功能受到局部影响，交通中断，抢修处置时间预计在 1 h 以上
中风险	历史上未发生崩塌落石，岩体坡度 45°~60°，岩体较完整；防护结构完好；崩塌发生后，公路及其构筑物仅受到很小影响，交通中断在 1 h 以内或可不中断交通进行处置
低风险	历史上从未发生崩塌落石，岩体坡度小于 45°，岩体完整；未来发生崩塌落石可能较小，公路及其构筑物不会受到影响

表 5.14 泥石流风险表征特点（详细）

极高风险	历史上频繁发生大型泥石流，物源丰富；无泥石流排导设施（或设施破坏）；泥石流发生后，公路及其构筑物完全破坏或功能完全丧失，交通中断，抢修处置时间预计在 24 h 以上
高风险	历史上多次发生泥石流，物源丰富；泥石流排导设施部分损坏；泥石流发生后，公路及其构筑物遭到较大破坏或功能受到较大影响，交通中断，抢修处置时间预计在 12 h 以上
较高风险	历史上曾经发生泥石流，物源较丰富；泥石流排导设施基本完好；泥石流发生后，公路及其构筑物遭到局部破坏或功能受到局部影响，交通中断，抢修处置时间预计在 1 h 以上
中风险	历史上未发生泥石流，有不明显的泥石流沟谷，存在少量物源；泥石流排导设施完好；泥石流发生后，公路及其构筑物仅受到很小影响，交通中断在 1 h 以内或可不中断交通进行处置
低风险	历史上未发生泥石流，无明显的泥石流沟谷，物源匮乏；未来发生泥石流可能性较小，公路及其构筑物不会受到影响

表 5.15 边坡失稳风险表征特点（详细）

极高风险	有贯通滑动面；边坡裂缝密集分布，宽度大于 20 mm，变形持续发展，坡体有鼓胀、隆起现象；防护结构变形强烈或失效；边坡破坏后，公路及其构筑物完全破坏或功能完全丧失，交通中断，抢修处置时间预计在 24 h 以上
高风险	有贯通或潜在滑动面；边坡有明显裂缝分布，宽度大于 10 mm；防护结构变形明显或存在失效可能；边坡破坏后，公路及其构筑物遭到较大破坏或功能受到较大影响，交通中断，抢修处置时间预计在 12 h 以上
较高风险	有潜在滑动面；边坡有少量裂缝，宽度小于 10 mm；防护结构有一定变形或少量失效可能；边坡破坏后，公路及其构筑物遭到局部破坏或功能受到局部影响，交通中断，抢修处置时间预计在 1 h 以上
中风险	有潜在滑动面；边坡未见明显裂缝；防护结构未见明显变形；边坡破坏后，公路及其构筑物仅受到很小影响，交通中断在 1 h 以内或可不中断交通进行处置
低风险	无潜在滑动面；无边坡裂缝出现；防护结构完好，公路及其构筑物不会受到影响

表 5.16 路基水毁风险表征（详细）

极高风险	冲刷岸，堤岸为粗粒土或细粒土，汛期洪水发生频繁，直接冲刷淘蚀路基结构；无防护结构（或设施破坏）；路基表面裂缝贯通，甚至有错台现象；未来可能发生严重路基垮塌，造成断道 2 d 以上
高风险	冲刷岸，堤岸为粗粒土或细粒土，汛期洪水较频繁，冲刷淘蚀路基结构；防护结构部分损坏；路基表面存在裂缝；未来可能发生大型路基垮塌，造成断道 1 d 以上
较高风险	冲刷岸，堤岸为粗粒土，汛期偶发洪水，存在冲刷淘蚀可能；防护结构基本完好；路基表面存在裂缝；未来可能发生中型路基垮塌，造成断道 12 h 以上
中风险	冲刷岸，堤岸为基岩，汛期偶发洪水，不直接冲刷淘蚀路基结构；防护结构完好；路基完好；未来可能发生小型路基垮塌，造成断道 12 h 以下
低风险	非冲刷岸，堤岸为基岩，汛期洪水水位和流速低，不冲刷淘蚀路基结构；路基表面完好无损；未来发生路基垮塌的可能性小

5.3 两步法风险评分系统在川九路的应用及验证

5.3.1 "川主寺—九寨沟"公路区域概况

"川主寺—九寨沟"公路（简称川九路）全长 120 km，位置介于 33°0′0″N ~ 33°20′20″N，103°40′0″E ~ 104°10′0″E，面积约为 5 000 km²，卫星影像和数字高程图（DEM）如图 5.2、图 5.3 所示。研究区域位于松潘—甘孜造山带与西秦岭造山带的结合部位，以塔藏构造带和岷江断裂为界，北东角和北西分别为松潘—甘孜造山带阿尼玛卿构造带（地背斜）和马尔康逆冲—滑脱岩片（地向斜），南为西秦岭造山带摩天岭推覆体。

川九路区域的新构造活动强烈，主要表现为山体隆升和剥蚀、高烈度地震频发等特征，因此该区域地表岩土破碎、松散，节理发育，切割密度大，沟壑分布广。川九路沿线地面高程变化急剧，地质构造、岩土特性复杂多变，高位崩塌、山体滑坡、泥石流等地质灾害频发。

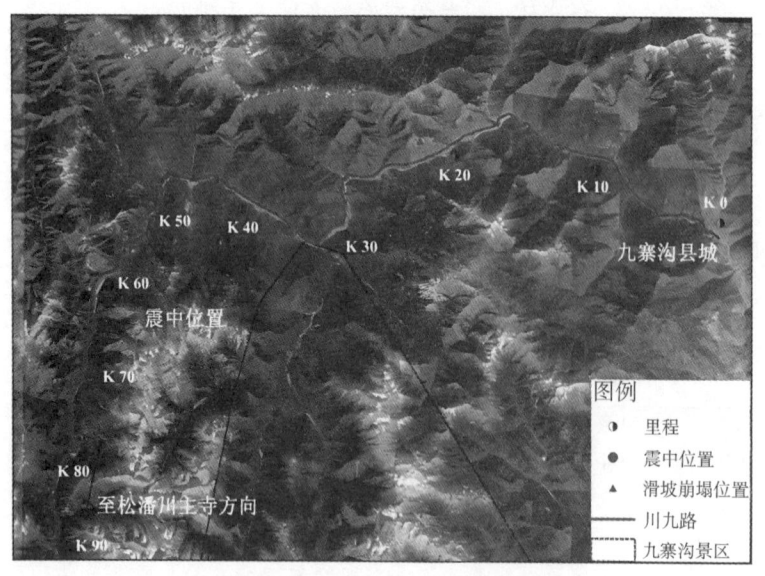

图 5.2 川九路区域遥感卫星影像

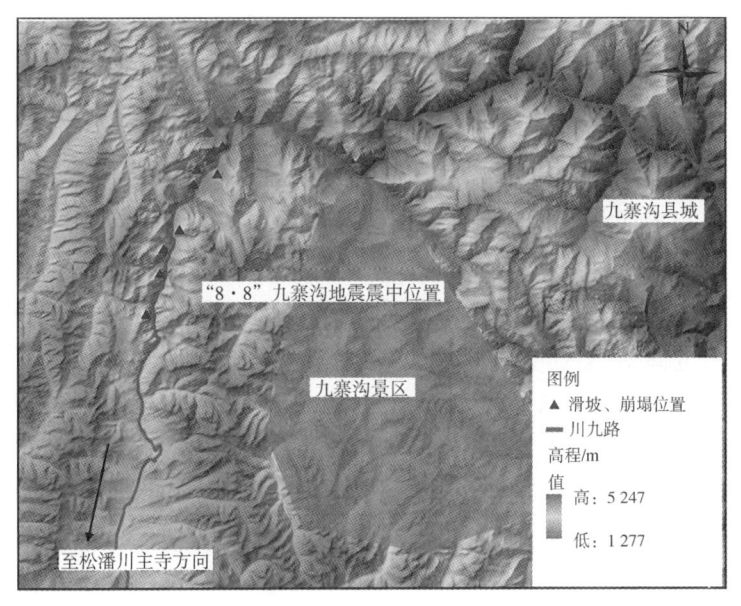

图 5.3 川九路区域数字高程示意

川九路区域属高原湿润性气候,每年 7—8 月为雨季,降雨集中。根据震后实地调查结果发现,在地震过后的两个雨季内(2017 年 9 月—10 月和 2018 年 6 月—10 月),川九路沿线发生了 27 起地质灾害,部分滑坡现场如图 5.4 所示,对路上的行人、车辆造成极大的安全隐患。

图 5.4 川九路部分滑坡现场

5.3.2 风险评分系统在川九路地质灾害工点的应用

川九路沿线灾害主要为崩塌、滑坡、泥石流三种，其中崩塌危岩灾害数量最多。四川省公路设计院曾多次组织专家对川九路沿线进行实地调查，运用本书提出的山区公路地质灾害及边坡工程风险两步评分法对川九路沿线地质灾害和边坡工程灾害进行风险评估，具体评分结果见表 5.17（表 5.17 中的"实际等级"是地质灾害专家前往现场确定的灾害危险等级）。

表 5.17 川九路沿线地质灾害评分结果

编号	里程	灾害点概况	灾害情况	评价等级	实际等级
1	K9+650	边坡为强风化砂页岩，最大高度 40 m 左右，坡度为 65°~75°，表层岩体较破碎，存在不稳定块体；不良裂隙组合已在坡体中切割出块径大于 4 m 的块体，且侧、后缘裂缝已张开，稳定性差	崩塌	风险评分：582.28；中风险（符合）	中风险
2	K15+900	表层为薄土层（砂土），基岩强风化砂板岩；有少许植被覆盖，滑坡体几何形态明显，随夏季植被生长，后缘裂隙处裸露比较明显	滑坡	风险评分：463.02；较高风险（不符）	高风险
3	K17+027	强风化砂板岩，坡度约 60°~70°，边坡高度为 80~150 m 不等，坡面植被稀疏，基岩为板岩、砂质板岩为主；卸荷裂隙较发育，地震后岩体发生不同程度的松动，有变形掉块的可能，岩体层面倾角较大；表层岩体被切割严重，局部突出部位形成不稳定块体，已多次产生崩塌	崩塌	风险评分：570.87；中风险（符合）	中风险

续表

编号	里程	灾害点概况	灾害情况	评价等级	实际等级
4	K19+520	基岩为中风化砂板岩,由于地震作用导致整体破碎,为滑坡的下滑体提供物源,下滑体主要成分为土石混合体,下滑体平均粒径为0.5 m,植被稀疏,主要为低矮草本植物	滑坡	风险评分:836.55;极高风险（符合）	极高风险
5	K19+969	强风化砂岩、高陡岩质边坡,最高点高度为250 m左右,中上部有一级平台,表层岩体凸凹起伏,裂隙较发育,局部存在不稳定块体	崩塌	风险评分:742.7;高风险（符合）	高风险
6	K20+709	强风化砂板岩,高度70 m左右,坡脚距线路10~20 m,岩层产状196°∠58°,裂隙产状85°∠51°、116°∠85°,风化卸荷作用较强烈,表面破碎,凸凹不平,局部存在不稳定块体	崩塌	风险评分:738.12;高风险（符合）	高风险
7	K21+260	高陡岩质边坡,最大坡高大于100 m,整体坡度为70°~80°,岩体以板岩为主,从小桩号向大桩号层面变陡,岩层产状206°∠60°,裂隙产状101°∠54°、286°∠55°	崩塌	风险评分:917.71;极高风险（符合）	极高风险
8	K26+150	边坡高40~50 m,后部坡体高100~150 m,岩性以板岩为主,薄~中层构造,层面近直立,走向与线路大角度相交。表层岩体卸荷较重,局部有块径为20~40 cm的不稳定块体存在	崩塌	风险评分:570.87;中风险（符合）	中风险

续表

编号	里程	灾害点概况	灾害情况	评价等级	实际等级
9	K26+792	该段岩质边坡岩层陡倾，边坡高约30 m，坡度约为80°，岩性为板岩，薄层状为主，局部夹千枚岩，为相对软层，岩层产状49°∠76°，裂隙产状113°∠81°、127°∠17°、203°∠56°，表层岩体破碎	崩塌	风险评分：597.14；中风险（符合）	中风险
10	K29+571	高陡边坡，最大坡高60 m左右，下陡上缓，下部岩体较新鲜，灰黑色，坡度为70°～80°，上部岩体表观呈黄褐色，坡为50°～60°，岩体为砂岩～板岩，薄层状为主，层面陡倾	崩塌	风险评分：578.67；中风险（符合）	中风险
11	K29+771	该处滑坡主要为土石混合体，后缘高232 m，坡脚宽50 m，坡长380 m，坡度约为37.5°，表层植被覆盖茂密，附近基岩主要为强风化砂板岩	滑坡	风险评分：761.698；极高风险（不符）	高风险
12	K30+576	坡体结构为高位陡倾岩体＋下部崩塌堆积斜坡（坡度为35°～40°）K30+611～K30+641段前缘已设有矮挡墙	滑坡	风险评分：677.609；高风险（不符）	极高风险
13	K31+500	中风化砂岩、高位危岩。K31+500～K31+553段为覆盖层滑坡，坡表有裂缝产生，未发生整体变形。K31+553～K31+627段最大坡高为80 m，坡度为45°～55°，受不利裂隙组合切割，稳定性差，之前发生过较大垮塌，变形严重，崩落块石块径较大；K31+627～K31+652段为顺层岩质边坡，中厚层构造为主，岩层产状115°∠53°，裂隙产状120°∠79°、353°∠40°，稳定性较差，有顺层变形的迹象	崩塌	风险评分：415.13；中风险（符合）	中风险

续表

编号	里程	灾害点概况	灾害情况	评价等级	实际等级
14	K36+600	滑坡为土石混合体，以砂土为主，附近基岩为强风化砂板岩，植被疏松，后缘裂缝分布较多，宽度约5 cm，地下水位较高，降雨时有坡面有渗水现象	滑坡	风险评分：353.605；较高风险（符合）	较高风险
15	K50+610	滑坡形式表现为山体整体下坐，后续有持续变形迹象该处公路出现上拱、扭曲破坏，下部河道被迫向外迁移。后缘有大量裂隙分布，坡体中下部土体为黏土，含水量较高，后缘部分为含水量较低的砂土、黏土混合物	滑坡	风险评分：842.722；极高风险（符合）	极高风险
16	K55+540	该处为"8·8"九寨沟地震时引发的高位危岩垮塌，后续时常有中、大块径滚石现象发生，对公路危害极大。表层为土石混合体，高位主要为强风化灰岩，破碎程度较大，植被稀疏	崩塌	风险评分：579.88；中风险（符合）	中风险
17	N线K51+785	该处主要为中风化灰岩，表面比较破碎，后缘处岩石为块状，坡脚距公路较近	滑坡	风险评分：651.125；高风险（符合）	高风险
18	K51+060	坡体以砂土为主，附近基岩为强风化砂板岩，植被系数，降雨天气下有少许砂土、小粒径块石滑落	滑坡	风险评分：328.391；中风险（符合）	中风险
19	K36+310	该处滑坡为砂土边坡，坡度约45°，整体下坐，下滑体主要为砂土，滑坡后缘清晰可见，后缘可见宽度超过2 m	滑坡	风险评分：460.759；较高风险（符合）	较高风险

续表

编号	里程	灾害点概况	灾害情况	评价等级	实际等级
20	K58+800	该处泥石流沟发源于高山，主要物源为土石，粒径交际小，泥石流口扇形宽约 200 m，附近植被茂密，多为高大树木，该处泥石流极易冲毁公路	泥石流	风险评分：736.581 6；极高风险（符合）	极高风险
21	K47+631	砂土、土石混合体，K47+531～K47+595 段右侧，边坡高约 17 m，原道路边坡无防护；山势陡峭，山体岩体破碎，遇下雨极易垮塌	滑坡	风险评分：714.397；极高风险（符合）	极高风险
22	K46+550	后缘高约 50 m，沿公路宽约 30 m，长约 80 m，坡度约 40°，主动防护网	滑坡	风险评分：357.619；较高风险（不符）	高风险
23	K60+500	主要为浅层土石混合体下滑，降雨天气下有小块径滚石现象，植被较稀疏，目前无防护措施	崩塌	风险评分：558.42；中风险（符合）	中风险
24	K68+500	该处在"8·8"九寨沟时掉落大块径滚石，此后在降雨天气下时常发生滚石，该处最大粒径落石位于公路边，在一定程度上抵挡部分小块径落石侵入公路，但两边植被稀疏，时常有崩塌落石从两边侵入公路	崩塌	风险评分：988.8；极高风险（符合）	极高风险
25	K69+327	该处隐患点上部岩石较为破碎，极有可能发生崩塌，下部为土石混合体，降雨天气下有下滑迹象，目前已设置主动网防护（破坏后设置的）	崩塌	风险评分：602.77；较高风险（符合）	较高风险

续表

编号	里程	灾害点概况	灾害情况	评价等级	实际等级
26	K71+500	该处泥石流沟发源于高山，泥石流沟自底部向上逐渐变窄，物源主要为砾石，靠近底部砾石块径约为5~10 cm，中部块石粒径约为30 cm，越靠近上部块石粒径越大。泥石流沟口距公路较近	泥石流	风险评分：662.93；极高风险（符合）	极高风险
27	K75+230	该处主要为土石混合体，上部有强风化岩石，降雨天气下有浅层滑坡和落石现象，垮塌前为被动网防护	滑坡	风险评分：257.103；中风险（符合）	中风险

图 5.5、图 5.6 所示为风险评分结果的统计分析，可以看到 27 个灾害点仅有 4 个灾害点的评价出现偏差，其余 23 个灾害点的评价等级基本与专家现场调查获得的风险等级评判结论相符，因此可以认为本书提出的风险评分系统是比较可靠的，能够适用于山区公路地质灾害及边坡工程灾害的风险评估工作。

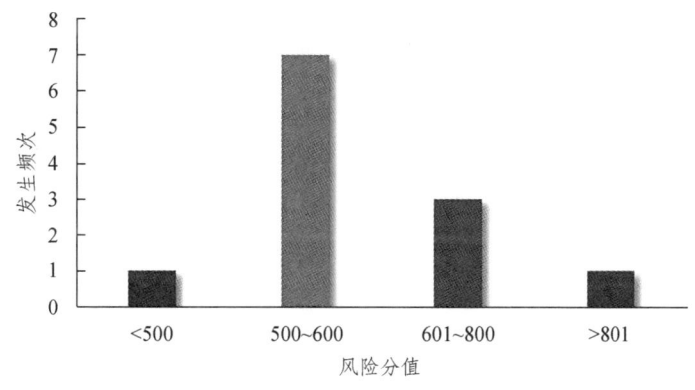

图 5.5 崩塌风险分值分布

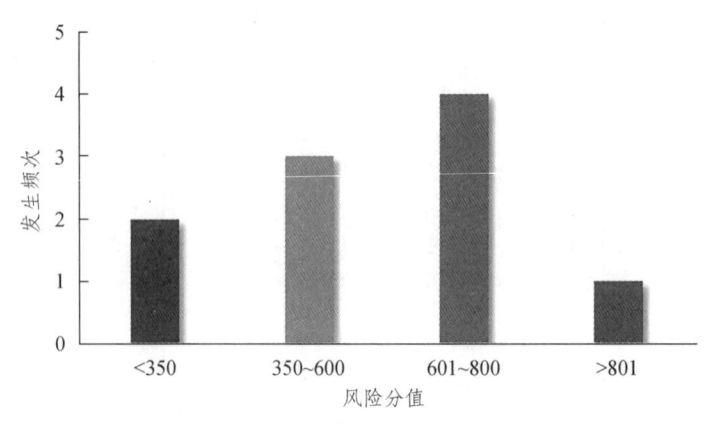

图 5.6　滑坡风险分值分布

第 6 章
山区公路地质灾害和边坡工程安全风险处置对策

在正确识别、衡量、评估风险之后，应当采用相应的措施进行风险处置。对于山区公路地质灾害和边坡工程安全风险的处置，总体原则是结合工程风险评级，开展相应等级的监控预警、防护加固，对于极端情况还应做好应急抢险预案。

6.1 典型地质灾害风险处置方案

根据崩塌危岩、泥石流、路基水毁和边坡失稳四种典型灾害类型，本书针对不同风险等级提出对应的处置措施，具体见表6.1～表6.4。

表6.1 崩塌危岩风险处置措施

风险等级	处置措施概述	监测等级	防护加固	应急抢险预案
低风险	日常巡检中，只采取目测、影像记录的手段进行持续关注，若低风险边坡的危岩危险性有持续增大趋势，则应及时进行记录和汇报	巡检	无	无
中风险	日常巡检中，密切关注中风险边坡危岩的危险性变化情况，做好每日观察记录，包括危岩、致灾因子变化情况的纸质、影像记录	二级	无	无
较高风险	制定专项巡检计划，密切关注致险因子的变化情况。若已有边坡防护措施，则需对边坡防护措施进行定期维护；若无防护措施，则进一步讨论是否需要进行一定手段的防护	二级	增加必要防护	视情况
高风险	组织专业人员对高风险边坡危岩进行实地勘察，制定专项监测方案，对危岩裂隙、边坡位移、地下水变化进行密切关注；建立高风险边坡危岩落石预警方案，并制定应急处置措施	一级	加强防护	建议

续表

风险等级	处置措施概述	监测等级	防护加固	应急抢险预案
极高风险	组织专业人员对高风险边坡危岩进行实地勘察，制定专项监测方案，对危岩裂隙、边坡位移、地下水变化进行密切关注；进行必要的边坡防护加固；建立高风险边坡危岩落石预警方案，并制定应急处置措施；对崩塌危岩影响范围内的公路进行管控	一级/应急	加强防护	需要

表6.2 泥石流风险分级处置措施

风险等级	处置措施概述	监测等级	防护加固	应急抢险预案
低风险	日常巡检，只采取目测、影像记录的手段进行持续关注，若低风险泥石流沟的危险性有持续增大趋势，则应及时进行记录和汇报	巡检	无	无
中风险	日常巡检，密切关注中风险泥石流沟的危险性变化情况，做好每日观察记录，包括泥石流沟物源、致灾因子变化情况的纸质、影像记录	二级	无	无
较高风险	对较高风险的泥石流沟，制定专项巡检计划，密切关注致灾因子、物源条件变化情况。若已有泥石流沟防护措施，则需对泥石流沟的防护措施进行定期维护；若无防护措施，则进一步讨论是否需要进行一定手段的防护	二级	增加必要防护	视情况
高风险	组织专业人员对高风险泥石流沟进行实地勘察，制定专项监测方案，对物源条件、地下水变化进行密切关注；建立高风险泥石流沟预警方案，并制定应急处置措施	一级	加强防护	建议
极高风险	组织专业人员对高风险泥石流沟进行实地勘察，制定专项监测方案，对物源条件、地下水变化进行密切关注；进行必要的泥石流沟防护处置；建立高风险泥石流沟预警方案，并制定应急处置措施；对泥石流可能影响的公路进行管控	一级/应急	加强防护	需要

表 6.3　路基水毁风险分级处置措施

风险等级	处置措施概述	监测等级	防护加固	应急抢险预案
低风险	日常巡检，只采取目测、影像记录的手段进行持续关注，若低风险路基的危险性有持续增大趋势，则应及时进行记录和汇报	巡检	无	无
中风险	日常巡检，密切关注中风险路基段的危险性变化情况，做好每日观察记录，包括河流水位、流速变化情况、致灾因子变化情况的纸质、影像记录	二级	无	无
较高风险	对较高风险的路基段，制定专项巡检计划，密切关注致灾因子、河流水位、流速变化情况。若已有路基防护措施，则需对路基的防护措施进行定期维护；若无防护措施，则进一步讨论是否需要进行一定手段的防护	二级	增加必要防护	视情况
高风险	组织专业人员对高风险路基段进行实地勘察，制定专项监测方案，对河流水位、流速变化进行密切关注；建立高风险路基水毁预警方案，并制定应急处置措施	一级	加强防护	建议
极高风险	组织专业人员对高风险路基进行实地勘察，制定专项监测方案，对河流水位、流速变化进行密切关注；进行必要的路基防护设计，建立高风险路基段预警方案，并制定应急处置措施；对水毁可能影响的公路进行管控	一级/应急	加强防护	需要

表 6.4 边坡失稳风险分级处置措施

风险等级	处置措施概述	监测等级	防护加固	应急抢险预案
低风险	日常巡检,只采取目测、影像记录的手段进行持续关注,若低风险边坡变形失稳危险性有持续增大趋势,则应及时进行记录和汇报	巡检	无	无
中风险	日常巡检,密切关注中风险边坡的危险性变化情况,做好每日观察记录,包括边坡变形变化情况、致灾因子变化情况的纸质、影像记录	二级	无	无
较高风险	对较高风险边坡,制定专项巡检计划,密切关注致灾因子变化情况。若已有边坡防护措施,则需对边坡防护措施进行定期维护;若无防护措施,则进一步讨论是否需要进行一定手段的防护	二级	增加必要防护	视情况
高风险	组织专业人员对高风险边坡进行实地勘察,制定专项监测方案,对边坡位移、地下水变化进行密切关注;建立高风险边坡预警方案,并制定应急处置措施	一级	加强防护	建议
极高风险	组织专业人员对极高风险边坡进行实地勘察,制定专项监测方案,对边坡位移、地下水变化进行密切关注;进行必要的边坡防护处置;建立高风险边坡预警方案,并制定应急处置措施;对边(滑)坡可能失稳威胁的公路进行管控	一级/应急	加强防护	需要

6.2 监测预警简介

6.2.1 监测等级

公路地质灾害风险对象的监测等级应根据灾害风险的评级结果分为三类:

（1）对于危险性小的边坡等，可不进行专业监测，以人工巡查为主。

（2）评估结果达到中等以上的风险对象，应制定监测方案，进行专业监测（即一、二级监测）。

（3）对于危险性大、已经超过变形阈值或处于加速变形、出现险情的风险对象，应确定为应急监测。应急监测应针对反映边坡变形等灾害最敏感和最直接的指标进行监测，并满足安装快速、采样及时、分析及时和汇报及时的要求。

6.2.2 监测内容

应根据不同监测对象，按监测等级选择相应的监测内容，并采用相应的监测方法进行监测。监测内容应以变形监测为主，应力和影响因素为辅。不同监测对象、不同监测等级的监测内容应按表6.5确定。

表6.5 不同灾害的主要监测内容

监测对象	监测等级	地表变形	深部位移	裂缝开合	雨量	地下水	微震监测	温湿度气压	结构物应力	视频
边坡失稳	应急	+	(+)	+	+				(+)	+
	一级	+	+	+	+	+	(+)	+	+	+
	二级	+	+	+	+	(+)		(+)	(+)	+
崩塌危岩	应急	+		+			(+)			+
	一级	+	(+)	+		(+)	+	(+)	+	+
	二级	(+)		+	+		(+)		(+)	+
泥石流	应急	+			+	(+)				+
	一级	+			+	(+)	+			+
	二级	(+)			+		(+)			+
路基水毁	应急	+		+	+	(+)				+
	一级	+		+	+	(+)				+
	二级	(+)		+	+				+	+

注："+"为应测，"(+)"为选测。

各监测内容对应的监测方法按表 6.6 选择，鼓励采用先进的监测方法，但需要对其可靠性和精度进行验证。

表 6.6　监测内容及方法

监测内容	监测部位	监测指标	监测方法
地表绝对变形	近地表或构造物表面	水平位移量	水平位移可采用大地测量法和全球导航卫星系统（GNSS）法，如全球定位系统（GPS）、北斗卫星导航系统（BDS）等，进行监测
		垂向位移量	垂向位移可采用水准测量、静力水准测量或 GPS 法进行垂向位移测量
		倾斜量	采用倾斜仪、倾斜盘进行倾斜测量
深部位移	钻孔内	深部水平位移量	深部位移监测可采用钻孔倾斜仪或钻孔位移计进行监测
地表相对位移	地表裂缝	裂缝的开合、错动量	裂缝监测可采用简易观测或裂缝计进行监测
结构物	锚杆（索）、桩	应力、应变	应力可通过锚索计、钢筋计、轴力计进行监测，应变可通过应变计进行监测
影响因素	地表	降雨量	雨量监测可采用雨量计进行监测
		温度、湿度、气压	采用温度计、湿度计、气压计进行监测，温度监测可同时进行地表和钻孔内监测
	地下	地声	采用声发射监测仪进行监测
		孔隙水压力	采用孔隙水压力计、渗压计进行监测
视频	地表	实时视频	利用已有的高清摄像头或新建高清摄像装置，做到视频直观定性监测和仪器定量监测相结合

6.2.3 监测精度

不同监测等级、监测内容的仪器最低精度应满足表 6.7 要求。

表 6.7 监测仪器精度要求

监测内容	监测方法	监测仪器		精度指标	监测等级	
					应急、一级	二级
地表位移	大地测量	全站仪、水准仪		位移/(mm+mm/km)	1+1.5	2+2
	GNSS	GPS、BDS	水平		3+1	5+1
			垂向		6+1	10+1
	倾斜仪	倾斜计、倾斜盘		角度/(″)	0.2	0.5
裂缝开合	简易观测	钢尺		位移/mm	0.5	0.5
	仪器法	裂缝计			0.2	0.3
深部位移	测斜法	测斜仪		位移/(mm/m)	0.2	0.5
结构物	应力计法	锚索计、钢筋计、轴力计		应力/(%F·S)	0.5	2
	应变计法	应变计		应变/%	0.2	5
地声	测声法	PVDF（聚偏二氟乙烯）压电薄膜传感器		灵敏度	−180 dB·V×10⁴/Pa	
				频响范围	1 Hz ~ 20 kHz	
影响因素	降雨量	雨量计		高度/mm	0.2	0.5
	水压力	孔隙水压力计		压力/(%F·S)	0.25	1
	地声	声发射传感器	硬岩	10 dB 频率带宽/kHz	200 ~ 1 000	
			软岩		0 ~ 200	

注：本表所列仪器精度要求参考了目前市面上主流的传感器精度以及《高速公路边坡工程监测技术规程》(DB35/T 1844—2019)、《岩土工程监测规范》(YS/T 5229—2019)等规范，并结合四川省地质灾害监测的实际需要给出。地声监测频率带宽的要求主要是基于不同介质破裂能量波的中心频率不完全一样，在能获取其介质强度的情况下，分软、硬岩有针对性地选取不同频率带宽的声发射传感器，可以更有效地检测能量波的分布情况。

不同监测等级和监测内容的读数精度应符合表 6.8 要求。

表 6.8 监测数据取值精确度要求

监测等级	监测内容			
	角度/(″)	水平位移/mm	垂向位移/mm	应力/kPa
应急、一级	0.01	0.1	0.1	0.01
二级	0.10	1.0	1.0	0.1

注：本表所列监测数据取值精确度要求参考了《高速公路边坡工程监测技术规程》(DB35/T 1844—2019)与《岩土工程监测规范》(YS/T 5229—2019)等规范的相关规定。

所有监测仪器在工作前必须进行相应的检定。野外自动监测仪器必须有相应的防护措施，满足正常使用三年以上的稳定性要求；对于人工监测的仪器，如地表测量的全站仪、水准仪，深孔位移测量的滑动测斜仪等，同一个监测点应尽量采用同一台仪器进行测量，减少仪器误差的影响。

6.2.4 监测频率

监测频率应根据监测等级、发育程度、监测方法等因素需要确定。监测频率应能满足对致灾体变形发展变化趋势的及时充分掌握，应避免因数据采集频率不够影响灾害预测和预警。手动监测、自动监测的频率要求宜按表 6.9、表 6.10 确定。

表 6.9 监测频率（手动监测）

监测等级	发育程度	
	中等	强
应急	—	2 ~ 12 h
一级	1 ~ 3 d	12 ~ 24 h
二级	3 ~ 7 d	—

表 6.10　监测频率（自动监测）

监测等级	发育程度	
	中等	强
应急	—	<10 min
一级	1~3 h	10~60 min
二级	3~6 h	—

下列特殊情况下应相应提高监测频率：

（1）监测数据变化较大、变形速率加快，或致灾体出现险情征兆时。

（2）连续降雨或暴雨，或水文环境突变时。

（3）坡体周边地区发生地震后。

（4）相邻工程施工可能对边坡产生扰动时。

（5）应急处置过程中，宜采取实时监测。

6.3　应急抢险处置措施

山区公路因其独特的地形地质环境，经受着边坡失稳、泥石流、崩塌危岩、路基水毁等复杂地质灾害风险的严峻考验，极易发生路基垮塌、道路开裂、堆积体垮塌堵塞或掩埋道路、阻塞河道甚至形成堰塞湖。除此之外，在遭遇地震、特大暴雨等大型灾害时，亟需快速打通生命通道，确保抢险物资和人员第一时间顺利抵达灾区。

当地质灾害风险等级较高时，应制定应急抢险预案，确定安全、合理、快速、经济的抢险手段，以实现快速抢险、避免或降低损失的目的。

本节结合研究团队前期应急抢险及承担的相关科研项目研究经验，简要介绍以下几种常用应急抢险手段：封闭裂缝；清除障碍物；爆破清除阻塞体；堆积体上开挖便道；土石填筑恢复路基；内侧拓宽通行；

开渠泄洪；便道绕避；搭设便桥；轻质土路堤；临时支挡；清除危岩及坡面柔性防护；锚杆（索）加固；挡墙加固及修复；钢管桩加固；机械成孔抗滑桩。

6.3.1 封闭裂隙

对于路面严重开裂路段，为防止降雨渗入影响路基稳定性，采用砂浆或小石子混凝土灌缝封闭裂缝，严重错台路段采用普通填料填筑、整平路基，如图 6.1 所示。

图 6.1 路基开裂及堵缝防水

6.3.2 清除障碍物

当崩塌、滑坡堆积体掩埋或阻塞公路，通过调查评估阻塞物工程量不大且清除后不会导致堆积体进一步下滑时，可采用土石方工程机械全部清除障碍物，如图 6.2 所示。常用的机械包括挖掘机、装载机、推土机、铲运机、挖掘装载机。

主要技术要点：

（1）清挖的阻塞物宜就近弃堆（路基下方有民居、河道或农田等不适宜就近弃土时可远运弃土）。

（2）如阻塞物清挖后会引起上边坡局部垮塌，应对上边坡采取防护措施后再进行公路范围内的清挖整平。

（3）当半填半挖路基上边坡为稳固的石质边坡，且下边坡允许爆破飞石时，可以采取抛掷爆破等方式将阻塞物转移至路基下边坡，同时配合机械清理，恢复公路交通功能。

图 6.2　全部清除阻塞物

6.3.3　爆破清除阻塞体

当巨石、松散大块石堆积体阻塞道路，或边坡危岩严重威胁公路安全时，可以采取爆破清除技术处理。

1. 巨石清除

对于巨石可采用常规爆破法、静态破碎技术法、机械破碎法等。

（1）常规爆破法采用巨石上钻多个炮眼，装填炸药实施爆破，对于爆破后的大块石，可实施"二次爆破"。该方法适用于周边无建筑限制，有直接实施爆破的场地条件。

（2）静态破碎技术法是在巨石上钻孔，将经过水处理的非爆炸性破碎剂填入孔中，随着水化反应的进行，膨胀与硬化同时发生，产生膨胀力，使岩石开裂、破碎。静态破碎技术适用于边坡不稳定地段、人口聚居地及其他不适宜采用传统爆破工艺的情况。

（3）机械破碎法采用大型镐头机、液压锤或液压劈裂机破碎岩石。该方法适用于不能实施常规爆破，但机械可以到达的地点。

2. 松散堆积体爆破

松散堆积体爆破包括定向爆破、微振爆破。

（1）定向爆破应用较为广泛，应用效果较好。该技术是利用炸药爆炸的作用，把某一地区的高位崩塌、危岩体抛掷到指定的地区，并大致堆积成所需形状的爆破技术。当前我国的定向爆破，可以做到一次爆破百万立方米的土石方，耗费炸药量上千吨。定向爆破对于劳力缺乏、交通不便以及无施工场地的工点尤为适宜。如图6.3所示，"5·12"汶川地震后，G213抢通过程中，老虎咀特大山体爆破就采用了该技术。

图6.3 老虎咀特大山体定向爆破

（2）微振爆破采用分部、分台阶开挖，多次装药，限制一次爆破的炸药用量，从而降低爆破振动速度的爆破技术。该技术适用于采用爆破清除松散堆积体，但需要减少对周边山体及边坡扰动影响的场地。

3. 危岩爆破

需要清除的危岩爆破一般采用裸露爆破、浅孔爆破、深孔爆破等方法。

（1）裸露爆破。

当危岩体主要为悬石或体积不大且有多条裂缝的孤石时，不能进行钻孔爆破。这是因为凿岩机钻孔时产生的机械振动或施工人员的重力荷载都极有可能造成危岩体垮塌，可采用裸露爆破技术处理。裸露爆破技术操作简单，时间短，成本低，是目前处理边坡悬石和孤石的主要技术措施。具体有药包直接接触危岩体爆破、危岩体支撑部分爆破、借助爆破震动效应三种爆破方式。

（2）浅孔爆破。

地质灾害造成边坡岩体拉伸、错位，在垮塌面形成多条横向或纵向裂缝从而形成危岩体，在雨水侵蚀、工程活动或余震等因素影响下，有可能产生新的灾害。在这种情况下，通常采用浅孔爆破技术自上而下地把边坡修成台阶状或缓坡状。

（3）深孔爆破。

当危岩体工程量巨大，垂直高度在 7~15 m，水平宽度在 3~10 m（过高或过宽会影响抛掷效果），临空面较好，没有裂缝或裂缝发展缓慢时，只需卸载就可以确保边坡稳定。如经过评估，危岩体在短期内不会崩塌且简易潜孔钻机可运送到工作面，这时可采用深孔爆破技术一次性处理危岩体。该技术的优点是可一次爆破至设计台阶面，减少作业循环次数，有利于抢险组织和安全管理。

6.3.4　堆积体上开挖便道

当阻塞物体积量巨大无法在短期内彻底清除，或路基范围内清除滑坍体会引起上边坡较大范围垮塌，存在较大安全隐患时，可直接在滑坍体上开挖便道。按阻塞物坡度、长度大致分为两类：

（1）当阻塞物段落长度仅数十米至百余米且坡度较陡时，可采用多台挖掘机对向作业，挖通便道。

（2）当阻塞物长几百米至几公里时，应采用"先打通重机路，后多点分段作业"的方法，首先挖出一条重型机械可通过的便道，再实现便道降坡、扩挖、整平。阻塞物坡度小于60°时，采用 1 台挖掘机和 1~2 台装载机为一组，多个作业面同时作业，尽可能发挥出每台设备效能，缩短抢险时间；阻塞物坡度大于60°时，应采用多台挖掘机多作业面开挖重机路，通常以挖掘机爬升至适宜位置，尽量伸长工作臂，从远端向近端挖，最短时间抢通重机路。

主要技术要点：重机路便道纵坡可达58%~84%（30°~40°），重机路打通后进一步削顶形成缓坡供其他轮式车辆通行的简易便道，供救援车辆的便道纵坡可按10%~12%控制，如图6.4所示。

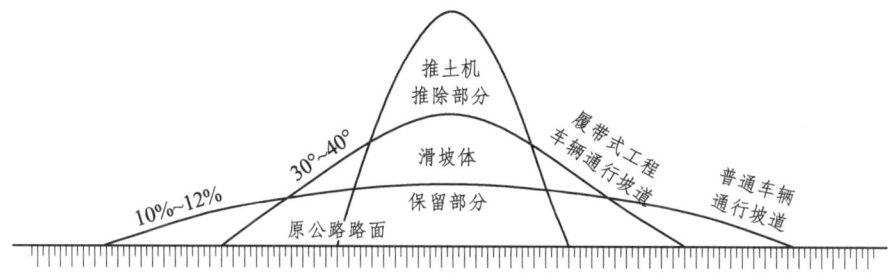

图6.4 堆积体上开挖易便道示意

"堆积体上开挖便道"技术在多次抢险救灾中得以充分应用，"5·12"汶川地震（图6.5）、"6·24"叠溪大滑坡（图6.6）等抢险救灾采取了在巨型堆积体、滑坡体上抢挖便道的方案，率先打通重机路，确保抢险车辆第一时间抵达重灾点。

（a）映卧路整体被掩埋　　（b）映卧路巨型堆积体上打通重机路

图6.5 映卧路长段落崩塌堆积体上开挖便道

(a) 叠溪大滑坡掩埋村庄、公路 　　(b) 叠溪滑坡体上抢挖便道

图 6.6　叠溪大滑坡堆积体上开挖便道

6.3.5　土石填筑恢复路基

土石填筑法是在原有路基范围内，通过填筑土石形成便道的方法。该法适用于路基坍滑体规模不大，有条件在原路基范围内直接填筑形成简易便道的路段，或路基范围存在短期无法清除的巨石，通过填筑土石暂时掩埋巨石，两侧形成便道的路段，如图 6.7、图 6.8 所示。

(a) G108 临河段水毁导致路基垮塌 　　(b) 坡脚编制钢筋笼块片石护脚

（c）分层填筑碾压　　　　　（d）填筑修复后的路基

图 6.7　G108 水毁路段采用填筑法抢通坍塌路基

（a）垮塌路基　　　　　　（b）袋装土石护脚填筑路基

图 6.8　"5·12"汶川地震都江堰—映秀公路采用填筑法抢通坍塌路基

1. 路基坍滑段填筑

路基坍滑段可采用全部填筑法、凹形竖曲线通过法。

（1）全部填筑法。

全部填筑法适用于坍塌体工程量不大、取土方便，采用分层填土整平压实，短期可基本修复路基的路段。为增强路基稳定性，可采用袋装土（石）、铅丝石笼、钢筋笼、简易桩板墙坡脚拦边等。路基填筑时可适度缩小路基宽度、加陡边坡，以争取抢险工期，应急填筑路堤坡比可按表6.11采用。

表6.11 应急填筑路堤坡比参考值

拦边方式	填土类别 一般细粒土（粉土类、黏土类）	粗粒土（砾石类、砂类）	最大高度/m
袋装土及片石拦边	1∶0.2～1∶0.75	1∶0.3～1∶1.0	5
	1∶0.75～1∶1.0	1∶1.0～1∶1.25	10
石笼、钢筋笼、简易桩板墙拦边	1∶0.3～1∶0.5	1∶0.4～1∶1.0	5

（2）凹形竖曲线通过法。

当坍塌段落较长、取土修复困难时，可采用凹形竖曲线通过法。该技术是采用推土机将完好路基段土石方逐渐降低高程推运至坍塌部分，形成凹形竖曲线，并对新的路基顶面进行整平压实。

2. 填埋巨石通过法

对于巨石阻碍道路通行且不具备破碎条件时，可对崩落巨石进行填埋，在巨石前后填筑斜坡道路供抢险设备临时通行，如图6.9、图6.10所示。道路最大纵坡一般小于9%，特殊困难路段可增大到10%～12%。

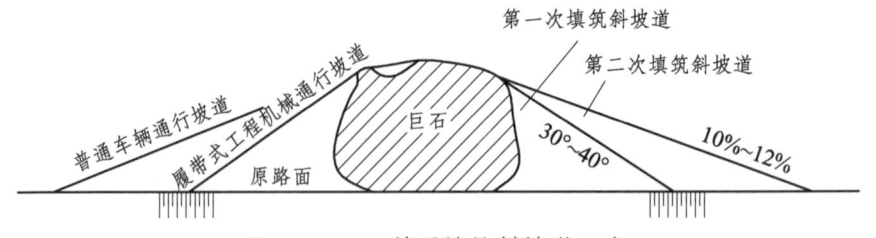

图6.9 巨石前后填筑斜坡道示意

图 6.10　川九路崩落巨石填埋崩落巨石形成便道

6.3.6　内侧拓宽通行

内侧拓宽通行适用于斜坡段路基外侧支挡结构遭到破坏、路堤滑移或路面脱空，短期内无法直接填筑恢复通行，且路基内侧有条件适度开挖临时路基时，可向路基内侧（靠山侧）开挖拓宽路基，实现临时通行。拓宽路基应因地制宜采取"填平靠山侧边沟，内侧加宽路基""清理靠山侧坍塌山石""适度开挖内侧边坡"等方法，如图 6.11 所示。改移线位后，路面应设警示标志，防止车辆越界行驶至路面脱空或易失稳区域。

图 6.11　茂县至北川公路水毁段向内侧改移线位抢通路基

6.3.7 开渠泄洪

暴雨洪灾引发泥石流壅塞河道或大型滑坡堵塞河道形成堰塞湖时，经过调查评估适宜泄洪时，可采用挖掘机、专业爆破开渠泄洪，以利开挖便道、恢复路基，如图 6.12 所示。对于大型堰塞湖，应进行专项评估，防止泄洪过程中突然溃坝，威胁施工人员及下游城镇安全。

图 6.12　开渠泄洪

6.3.8 便道绕避

当出现大范围崩塌、滑坡、泥石流等灾害，公路损毁非常严重，抢险难度极大的路段，此时应考虑新修便道绕行。为降低工程投入、争取快速抢通，便道选线时还应力求做到：充分利用原道路；尽量减少桥涵数；避免高填和深挖；便于就地取材筑路；尽量少占耕地；避开重要建筑物。

便道绕避在地形困难的大型受灾点应用较广泛，如 2008 年 "5·12" 汶川地震后，G213 绕坝路加筋土挡墙破坏失稳段、映秀百花大桥垮塌段；2015 年 "8·17" 泸州白蜡—高峰暴雨洪灾水毁段均采取了新建便道绕避。具体情况如下：

（1）2008 年 "5·12" 汶川地震中，G213 绕坝路段加筋土高挡墙破坏失稳，且紧邻陡坡，恢复、利用难度极大。应急抢险采取了于失稳路堤内侧开挖便道通过的方式，保障了绕坝路抢通阶段的安全通行，如图 6.13 所示。

（a）绕坝路加筋土挡墙破坏　　　（b）失稳路堤内侧开挖便道通过

图 6.13　G213 线绕坝路加筋土高挡墙段新建便道抢通

（2）2008 年"5·12"汶川地震导致映秀百花大桥第 5 联桥跨（即 5~20 m 连续梁）整体倾覆、完全破坏，大多数桥墩压溃、倾斜。应急抢险阶段开挖便道，改路通行，确保了抢险车辆、人员的安全通行，如图 6.14 所示。

（a）百花大桥第五联倾覆　　　（b）开挖新便道通行

图 6.14　百花大桥倾覆和新修便道抢通

（3）2015 年"8·17"泸州白蜡—高峰暴雨洪灾水毁段，临河路堤水毁、路基滑移断道，应急抢险阶段采取了搭设管涵便道的应急方案，在保障行洪的同时，也确保了抢险车辆、人员的安全通行，如图 6.15 所示。

(a)临河路堤水毁、路基滑移断道　　　　(b)新建管涵便道

图 6.15　高峰村临河路堤水毁好和新建管涵便道

6.3.9　搭设便桥

对于路基遭到严重毁坏断道或上边坡地质灾害严重威胁公路通行时，应当换岸改道、跨越河流（沟谷）路段，可搭设装配式公路钢桥通过。装配式公路钢桥是一种用型钢或铝合金焊接而成的桁架单元，根据通行荷载及障碍宽度，能拼装成多种结构形式的钢结构桥梁，主要包括 321 型、ZB200 型和 CB450 型装配式公路钢桥等。

搭设钢便桥简便、快速，在近几年的多次大型灾害应急抢险中得以充分应用，如 2017 年 "8·8" 九寨沟地震毗邻震中的川九路新二拐路段。川九路新二拐段震后形成多处高位崩塌，影响公路长度约 410 m，边坡高约 300~500 m。由于高位崩塌规模巨大、持续爆发，严重威胁原公路通行，应急抢险阶段采取新建钢便桥跨越河流绕避地质灾害，如图 6.16 所示。

(a)高位崩塌　　　　(b)钢便桥换岸

图 6.16　川九路新二拐便桥改道

6.3.10 轻质土路堤

当路堤出现大幅滑移、坍塌，而场地水环境敏感时，难以采用普通土石填筑或其他方式处置时，可采用轻质土填筑修复路基。

轻质土是通过气泡机的发泡系统将发泡剂用机械方式充分发泡，并将泡沫与水泥浆均匀混合，然后经过发泡机的泵送系统进行现浇施工或模筑成型，经自然养护所形成的一种含有大量封闭气孔的新型轻质保温材料。轻质土路堤具有质量轻、直立性好、填筑速度快、环境影响小等优点，在九寨沟道路抢险过程中很好地得到了应用，如图6.17所示。

（a）临近海子路基滑移断道　　（b）现场浇筑轻质土

图 6.17　"8·8"九寨沟震后采用轻质土路堤修复公路

轻质土路堤的主要技术指标及注意事项：

（1）路槽下 80 cm 范围内轻质土抗压强度为 1.2 MPa，其余区域轻质土抗压强度为 1 MPa。

（2）轻质土按水平分层浇筑施工，每层厚度应小于 1 m。浇筑时，软管出料口应埋入轻质土中。

（3）轻质土路堤一般填筑高度不大于 10 m，极限填筑高度一般不大于 15 m。

轻质土路堤的施工顺序：开挖边坡路基→设置基础及面板→C25 混凝土护脚→浇筑轻质土等。

6.3.11 临时支挡

路堑边坡坍塌压缩路基宽度路段，可采用铅丝石笼、钢筋笼挡墙临时支挡，防止土石滚落、保证路基通行宽度，如图 6.18 所示。

路堤局部坍滑，需临时加宽、加固路段，可在坡脚布设铅丝石笼挡墙、钢筋笼片石挡墙、麻袋装土、抛填大块石等措施，形成临时支挡，增强路堤稳定性，如图 6.19 所示。

图 6.18 铅丝石笼挡墙

（a）麻袋装土护脚 　　　　　　（b）钢筋笼挡墙

图 6.19 临时支挡措施

铅丝石笼挡墙是救灾中常用材料，可直接购买成品。铅丝笼采用特殊防腐处理的低碳钢丝经机器编织而成的六边形双绞合钢丝网，技术指标应满足国家现行有关标准的要求。铅丝石笼定位后在笼内手摆片石形成挡墙，安装时应加强各铁丝笼连接。当铅丝石笼挡墙支挡能力不足时，可现场焊接钢筋笼挡墙，一般采用直径为 25~32 mm 的钢

筋作为骨架,直径为 10～20 mm 的钢筋编制成笼,内填片石形成挡墙。铅丝石笼构件大样图如图 6.20 所示。

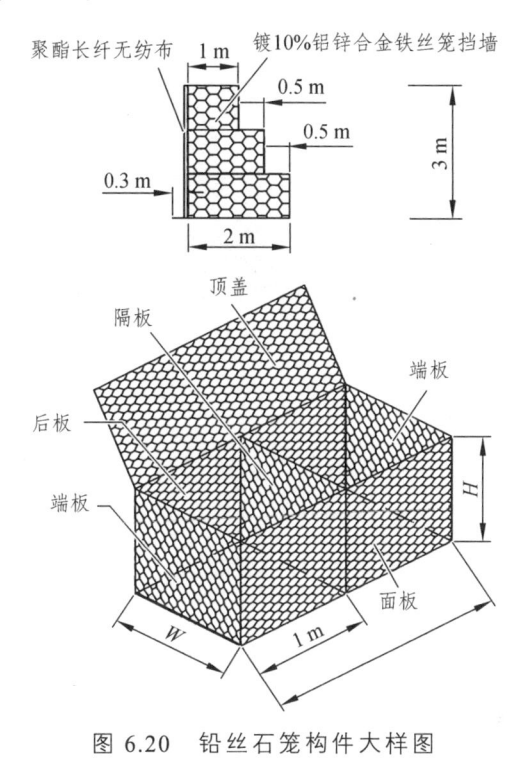

图 6.20　铅丝石笼构件大样图

6.3.12　清除危岩及坡面柔性防护

路堑边坡存在危岩、落石、松动破碎带威胁公路通行路段,可采用清除危岩、主被动网防护等防护措施。

1. 清除危岩

对于脱离母体的危岩、坡面可能下滑的滚石,在保证安全前提下可采用爆破、机械破碎、人工清除等方式排危,如图 6.21 所示。清除危岩过程中应做好防护措施,保障人员、机具、下部结构等的安全。作业时,应实行公路管制通行或临时中断交通。

图 6.21 清除危岩

2. 柔性防护系统

柔性防护系统主要是利用各类金属构件（钢柱、网片、钢绳、锚杆和其他消能构件）组合成定型产品，对各类斜坡浅表层等病害进行治理。目前柔性防护系统大致分为主动防护系统（主动网）、被动防护系统（拦石网）、落石围护系统（主-被动系统，窗帘式）3 类。柔性防护系统可参考《边坡柔性防护网系统》（JT/T 1328—2020）、《铁路边坡柔性被动防护产品落石冲击试验方法与评价》（TB/T 3449—2016）等标准。

（1）主动防护系统（主动网）。

路堑边坡整体稳定，但对于岩体破碎易发生崩塌落石的路段可采用主动网防护，如图 6.22 所示。主动网系统包括纵横交错支撑绳、4.5 m×4.5 m 或 2.5 m×4.5 m 钢绳网、系统锚杆等部件。支撑绳与钢绳网缝合联结后，固定于坡面锚杆上，通过张拉工艺使主动网对坡面施以一定的法向预紧压力，从而提高表层危岩体的稳定性。常用的主动网型号有早期的 GPS/GAR 系统，以及目前升级更新的 GTS/GTR、GSS/GSR、GQS/GQR 等防护系统，包括 GAR1/22、GPS1/2、GER1/2、TC65A/B 等。

图 6.22 主动网防护

主动网施工顺序：清坡→锚杆施工→安装上沿支撑绳→从上至下铺挂格栅网→将网张紧并用绳卡紧固→安装锚垫板并施加预应力。

（2）被动防护系统（被动网）。

路堑边坡整体稳定，但存在零星落石路段，可在路堑堑顶或适宜拦截落石位置布设被动网，如图 6.23 所示。被动网防护体系由钢柱、支撑绳、缠绕型环形网和双绞六边形网等构件组成，支撑绳两侧及上拉锚绳设置消能装置。被动网常用的规格型号有早期的 RX 防护系统，以及目前升级更新的 RXI、GBE、RXE 等防护系统。各系统的理论防护能级：RX 为 750 kJ，RXI 为 5 000 kJ，GBE、RXE 为 10 000 kJ。

图 6.23 被动网防护

被动网施工顺序：锚杆及钢柱基础定位→开挖基坑与浇筑混凝土（土质地基）/钻凿地脚锚杆锚孔（岩质地基）→安装基座及锚杆→安装、

调试钢柱、拉锚绳和支撑绳→张挂、连接缠绕型环形网→张挂双绞六边形网→调试支撑绳。

对于难以直接购买成品防护网的工点，可因地制宜采用钢轨栅栏、角钢栅栏拦截落石，如图 6.24 所示。

图 6.24　角钢防护网

（3）落石围护系统（主-被动系统，窗帘式）。

落石围护系统过去常称为主-被动防护系统，现常称为窗帘式防护网。落石围护系统是借助钢丝绳锚杆固定的上沿支撑绳（特殊情况下也可增设其他边沿支撑绳），将金属柔性网直接悬挂于潜在落石坡面上的窗帘式维护结构，从而通过限制落石运动范围来实现落石防护的目的，主要用于整体稳定但落石频发，易出现滚石的松散碎石土、碎石块堆积体的岩质边坡，如图 6.25 所示。

图 6.25　开口式窗帘式防护网

根据使用条件，窗帘式防护网又分为开口式、覆盖式。开口式防护网允许上部落石进入防护网内，并顺网滑落。覆盖式帘式网直接对边坡进行覆盖防护。帘式防护网体系由钢柱、支撑绳、纵横向拉绳、缠绕型环形网（简称环形网）和双绞六边形网等构件组成，支撑绳两侧上设置消能装置。窗帘式防护网与主动防护网的各型号相对应，如GPS、GAR，GQS、GQR、GSS、GSR等。

窗帘式防护网施工顺序：锚杆及钢柱基础定位→开挖基坑与浇筑混凝土（土质地基）/钻凿地脚螺栓锚孔（岩质地基）→安装基座及锚杆→安装、调试钢柱、拉锚绳和支撑绳→拦截部分网片安装→纵向主拉绳安装→张挂引导部分金属网及缝合→安装纵横向拉绳。

6.3.13 锚杆（索）加固

对整体稳定性不足的岩质、土质边坡，根据边坡稳定性分析资料，可采用框架梁锚杆（索）、垫墩锚杆（索）进行边坡加固，如图 6.26 所示。锚杆一般采用精轧螺纹钢。锚索可采用高强度低松弛钢绞线或普通预应力钢筋，有条件时宜优先选用无黏结钢绞线。

锚杆施工顺序：钻孔→锚杆制作与安装→注浆→混凝土框架施工及检验等。

锚索施工顺序：钻孔→锚索制作与安装→注浆→张拉→锚固→混凝土框架施工及检验等。

（a）框架梁锚杆 　　　　（b）框架梁锚索

图 6.26　锚杆（索）应急加固边坡

6.3.14 挡墙加固及修复

挡土墙出现开裂、外倾、墙面鼓胀等病害,但尚未整体垮塌段落,可采用墙身布设框架梁锚杆加固挡墙,恢复其使用功能,如图6.27(a)所示。

挡土墙垮塌,但路基整体稳定路段,可采用支模现浇混凝土、码砌片块石混凝土等方法修复,如图6.27(b)所示。

(a)框架梁锚杆加固开裂挡墙　　　(b)破坏挡墙支模砌筑

图6.27　挡墙加固与修复

6.3.15 钢管桩加固

路堤大幅开裂变形、滑坡路段,在稳定分析基础上,可采用小直径钢管桩、大直径钢管桩等措施进行应急加固。

1. 小直径钢管桩加固

小直径钢管桩采用直径小于300 mm的钢管置于岩土体的既成钻孔中,通过钢管内、钻孔与钢管外壁间灌注水泥砂浆或细石混凝土,形成复合桩。因施工快捷、不涉及人工地下作业、能有效提高桩周岩土体强度等优点,已多次成功应用于抢险救灾、中小型滑坡治理,如图6.28所示。根据边坡下滑力的大小,钢管桩可布置成2~4排的排桩,排间距一般为1~2.5 m,桩顶以钢筋混凝土格梁或板牢固连接,形成排桩复合支挡结构。钢管采用直缝或无缝管,直径可采用127~219 mm,钢管外表面出厂前进行电镀锌防腐处理。

（a）开裂路堤加固　　　　　　（b）滑坡应急处治

图 6.28　小直径钢管桩加固病害工点

钢管桩接管质量直接影响排桩结构的可靠性，钢管与接长钢管之间的连接可采用三截面内衬搭接式焊接工艺，连接钢管与被接两根钢管套接长度应不低于 40 cm。小直径钢管桩管身构造如图 6.29 所示。

小直径钢管桩施工顺序：成孔→钢管连接→钢管就位→压力注浆→系梁施工。

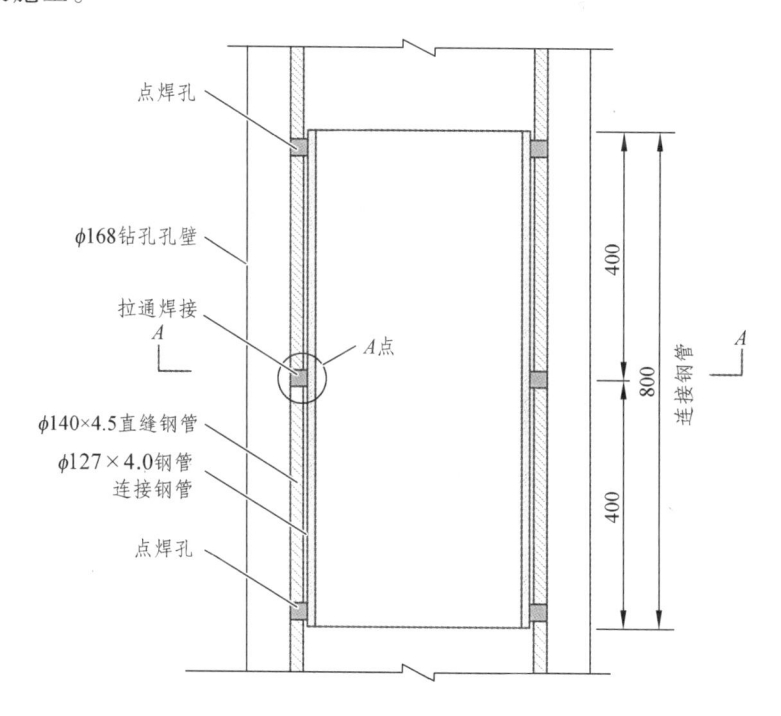

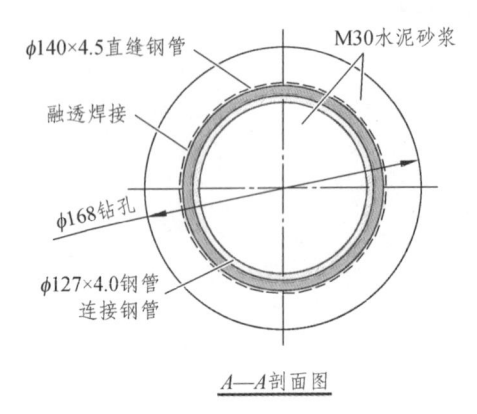

图 6.29 小直径钢管桩管身构造

2. 大直径钢管桩

对于下滑力较大的滑坡，可采用大直径钢管排桩支挡，如图 6.30 所示。钢管可选用桩径 80～120 cm、壁厚 10～15 mm 的螺旋焊接钢管或直缝焊接钢管，接长采用等强度对接焊，并在接头处加焊 6 mm 厚、15 cm 高的加强圈。桩孔可采用常规旋挖设备成孔。

（a）旋挖设备现场成孔　　（b）大直径钢管桩

图 6.30 大直径钢管桩应急处治滑坡

大直径钢管桩施工顺序：成孔→钢管连接→钢管就位→布设声测管→浇筑混凝土→系梁施工。

6.3.16　机械成孔抗滑桩

对于边坡严重失稳、滑坡推力大，须进行紧急支挡的灾害点，可采用旋挖机械成孔的钢筋混凝土抗滑桩。机械成孔的抗滑桩具有安全、效率高的优点，在应急抢险得到逐渐推广。根据滑坡推力大小，可分别采用圆形、矩形截面抗滑桩。

圆形截面抗滑桩不需要进行截面修整，效率高、安全可靠，应用更为直接，如图 6.31 所示。由于圆形桩抗弯能力较弱，一般应在桩顶布设刚度较大系梁。

（a）旋挖成孔　　　（b）圆形截面抗滑桩钢筋笼

图 6.31　圆形截面抗滑桩应急处治滑坡

圆形机械抗滑桩施工顺序：旋挖成孔→钢筋笼预制（含声测管）→钢筋笼吊装就位→浇筑混凝土→系梁施工。

矩形截面抗滑桩可采用旋挖设备初步成孔后，采用矩形切刀修孔，如图 6.32 所示；也可采用冲压修孔设备切削、挤压成矩形截面，如图 6.33 所示。

矩形机械抗滑桩施工顺序：旋挖成孔→切刀修孔或冲压设备修孔→钢筋笼预制（含声测管）→钢筋笼吊装就位→浇筑混凝土。

(a) 旋挖成孔　　　　　　　(b) 矩形切刀修孔

图 6.32　矩形抗滑桩机械成孔（矩形切刀修孔）

(a) 旋挖成孔　　　　　　　(b) 冲压设备修孔

图 6.33　矩形抗滑桩机械成孔（冲压设备修孔）

由于机械成孔抗滑桩难以施作护壁，应在旋挖成孔同时做好钢筋笼预制、混凝土备料等工作，抗滑桩成孔后及时下放钢筋笼、浇筑混凝土，避免垮孔。

6.3.17　棚洞及明洞防护

高位崩塌、危岩严重威胁公路安全的路段，应急抢险阶段无法绕避，且难以实施清方、锚固措施时，可根据场地条件布设棚洞、明洞防护结构。按照防护能力、材料组成，常用棚洞型式包括柔性防护网棚洞、钢结构棚洞、钢筋混凝土棚洞等类型。对于防护能力要求更高，有条件实施永临结合工程时，可结合场地条件实施钢波纹管明洞、钢筋混凝土明洞。由于棚洞及明洞造价高、工期较长，建设前应充分核查崩塌落石冲击能量、地形地质条件适宜性、交通流量，避免因应用不当造成工程浪费。为保证救援通道畅通，避免形成交通瓶颈，棚洞、明洞建筑限界应尽量保证双车道通行。

1. 棚　洞

（1）柔性防护网棚洞（图6.34）以型钢作为骨架，高能级柔性防护网拦截落石，其防护能级相对较小，适用于存在高位零星落石路段。

（a）三维效果

（b）现场实景

图6.34　柔性防护网棚洞

（2）钢结构棚洞（图6.35）以大直径钢管为立柱，槽钢作为骨架，棚架顶部布设钢板夹缓冲材料挡防落石。该结构防护能力中等，适用于地形陡峻的斜坡路段，棚架顶部呈单斜状以缓冲、排导落石。

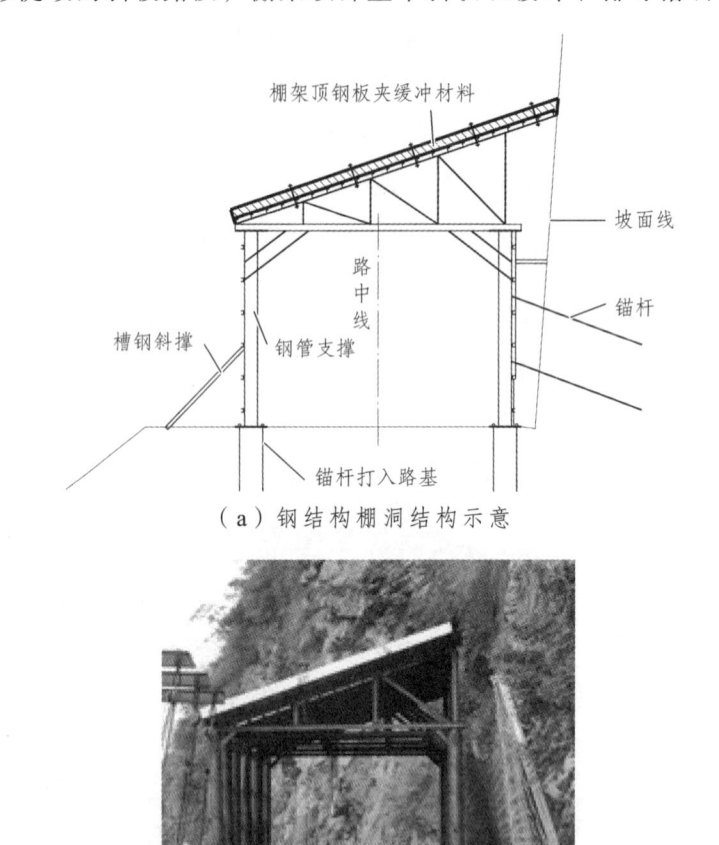

（a）钢结构棚洞结构示意

（b）钢结构棚洞实景

图6.35 钢结构棚洞

（3）钢筋混凝土棚洞（图6.36）采用钢筋混凝土柱作为下部结构，顶部采用现浇或预制梁、板，棚洞顶部缓冲层可铺填土、废旧轮胎、可发性聚苯乙烯（EPS）材料等，立柱顶可设置支座、软钢等材料，以缓冲落石冲击力。该结构挡防能力较强，适用于冲击能量较大的易落石路段。

图 6.36 装配式钢筋混凝土棚洞

2. 明　洞

当存在较大规模崩塌、落石，普通棚洞难以防护时，可布设钢波纹管明洞、钢筋混凝土明洞，洞顶铺填黏土、细砂、EPS 等缓冲材料。

（1）钢波纹管明洞（图 6.37）采用现场拼装大直径钢波纹管作为明洞内衬，在形成临时通行能力后在外侧浇筑钢筋混凝土外壁，洞顶铺设缓冲材料。G213 线石大关高位崩塌段抢险救灾，采用了大直径钢波纹管明洞快速形成了通行能力。

图 6.37　G213 线石大关高位崩塌大直径钢波纹管明洞

（2）钢筋混凝土明洞（图 6.38）防护能力强、应用较广泛，通常采用桩基或扩大基础，洞身现浇钢筋混凝土，洞顶铺设缓冲材料。

图 6.38　钢筋混凝土明洞

6.3.18　暴雨洪灾岸坡防护

暴雨洪灾引发的洪水冲刷、泥石流损毁对公路安全影响极大，应急抢通保通阶段一般以绕避为主，对尚具备通行能力的公路可因地制宜采取护岸、调治构造物、拦挡处治等措施。

1. 抛填大石护岸

为防止洪水进一步侵蚀、冲刷路基，可因地制宜采用抛填六面体预制块、大块石等材料护岸，如图 6.39、图 6.40 所示。大块石可采用主动网包裹抛填，以增强护岸效果。水流冲刷作用较大时，六面体预制块、主动网包裹大块石可用钢丝绳连接。

图 6.39　六面体预制块防冲护岸

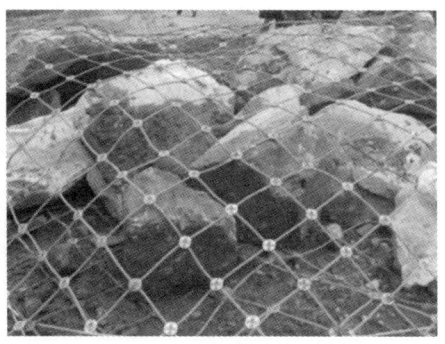

图 6.40　主动网装石块防冲护岸

2. 支挡结构护岸

对于路基岸坡冲刷严重，采用抛填材料难以护岸时，可在河床、岸坡适宜位置布设小直径钢管桩或其他支挡防护措施，并在支挡结构上部填筑片块石、袋装土护岸，如图 6.41 所示。

图 6.41　钢便桥桥台支挡结构护岸

3. 调流结构物护岸

洪水持续冲刷严重，普通措施难以护岸时，可按照永临结合、因地制宜原则，设置丁坝、顺坝调流结构物护岸，如图 6.42 所示。丁坝、顺坝坝体不应细长，避免洪水冲刷、大石块滚动撞击损毁。

图 6.42 丁坝调流护岸

4. 泥石流拦挡处治

雨季频繁暴发的沟谷型泥石流严重威胁下游公路时，在调查评估基础上可对中小型泥石流采用拦挡坝、格栅坝进行应急处治，如图 6.43 所示。由于泥石流防治工程较复杂，工作规模较大，对于大型泥石流救援阶段宜以绕避为主。经评估需处置、可处置的泥石流工点应充分评估再次爆发、损毁公路、威胁施工人员的安全风险，按照"风险可控、永临结合"的原则设置拦挡结构。

图 6.43 泥石流处置措施（分级拦挡，水石分离）

参考文献

[1] 殷跃平.汶川八级地震地质灾害研究[J].工程地质学报,2008(4):433-444.

[2] 齐洪亮.公路自然灾害评价系统的研究[D].西安:长安大学,2011.

[3] 李天斌.汶川特大地震中山岭隧道变形破坏特征及影响因素分析[J].工程地质学报,2008,16(6):742-750.

[4] 中华人民共和国交通运输部.汶川地震公路震害图集[M].北京:人民交通出版社,2009.

[5] 中华人民共和国交通运输部.汶川地震公路震害调查[M].北京:人民交通出版社,2011.

[6] 张瑞端,郭长宝,孙进忠,等.雅西高速冕宁段主要地质灾害类型及发育规律[J].地质力学学报,2013,19(4):364-376.

[7] 乔建平,吴彩燕,李秀珍,等.四川省宣汉县天台乡特大型滑坡分析[J].山地学报,2005(4):4458-4461.

[8] 郭晨,许强,董秀军,等.基于SVF地形可视化方法的滑坡识别——以四川省丹巴县城典型滑坡为例[J].成都理工大学学报(自然科学版),2021,48(6):705-713.

[9] 梁京涛,成余粮,王军,等.2013年7月10日四川省都江堰三溪村五里坡特大滑坡灾害遥感调查及成因机制浅析[J].工程地质学报,2014,22(6):1194-1203.

[10] 田宏岭,乔建平,王萌,等.基于危险度区划的县级区域降雨引发滑坡的风险预警方法——以四川省米易县降雨滑坡为例[J].地质通报,2009,28(8):1093-1097.

[11] 何思明, 白秀强, 欧阳朝军, 等. 四川省茂县叠溪镇新磨村特大滑坡应急科学调查[J]. 山地学报, 2017, 35（4）: 598-603.

[12] 付璐璐. 四川省喇叭沟滑坡稳定性分析及治理研究[D]. 长春: 吉林大学, 2017.

[13] 乔建平, 田宏岭, 石莉莉, 等. 采用危险指数法研究达县特大型暴雨滑坡发育特征[J]. 山地学报, 2008,（6）: 739-744.

[14] 吕俊磊, 胡卸文, 顾成壮, 等. 四川省南江县下两中学滑坡成因机制分析与稳定性评价[J]. 中国地质灾害与防治学报, 2015, 26（4）: 12-17.

[15] 章志峰. 四川省通江县永安中学滑坡复活机制及防治措施研究[D]. 成都: 成都理工大学, 2010.

[16] 魏云杰, 褚宏亮, 庄茂国, 等. 四川省峨眉山市王山——抓口寺滑坡成因机理研究[J]. 工程地质学报, 2016, 24（3）: 477-483.

[17] 罗剑. 理县西山村滑坡复活变形机理及关键致灾因子研究[D]. 成都: 成都理工大学, 2015.

[18] 王薪辰. 四川省泸定县马桑坡滑坡复活机理及稳定性研究[D]. 成都: 西南交通大学, 2016.

[19] 罗永忠, 徐志文, 刘汉超. 四川省雷-马-屏监狱通木溪滑坡形成机制分析与稳定性评价[J]. 中国地质灾害与防治学报, 2004(4): 10-15.

[20] 单诗涵, 王旭红, 李廷友. 四川汉源万工集镇"7·27"灾后泥石流预测分析与综合防治[J]. 中国地质灾害与防治学报, 2012, 23（4）: 6-10.

[21] 胥良, 李云贵, 刘汉超. 四川省达州地区团包咀滑坡成因机制及防治措施探讨[J]. 中国地质灾害与防治学报, 2005（4）: 142-143+145.

[22] 张天宝，徐才洪，胡菊华，等. 四川省蓬溪县四五水库土石坝的滑坡及其整治[J]. 水利水电技术，1985（2）：59-64.

[23] 门妮. 汶川地震背后山滑坡稳定性与动力响应分析[J]. 国际地震动态，2016（4）：42-44.

[24] 袁永旭，郑万模，郑勇，等. 四川省康定城白土坎滑坡特征及其防治对策[J]. 中国地质灾害与防治学报，1998(S1):239-243+245.

[25] 崔鹏，钟敦伦，李泳. 四川省美姑县则租滑坡泥石流[J]. 山地研究，1997（4）：282-287+323-324.

[26] 乔建平. 四川省万县市豆芽棚滑坡[J]. 山地研究，1994(4)：213-218.

[27] 陈自生，杨文.1994-03-20 四川省高县白崖崩塌性滑坡[J]. 山地研究，1994（04）：219-224

[28] 陈自生，张晓刚.1994-04-30 四川省武隆县鸡冠岭滑坡→崩塌→碎屑流→堵江灾害链[J]. 山地研究，1994（4）：225-229.

[29] 谭炳炎. 四川省什邡县燕子岩北坡再度发生大型滑坡[J]. 水土保持通报，1988（3）：64.

[30] 佚名. 四川省绵重公路武兰滑坡处治情况简介[J]. 公路，1984（07）：36-37.

[31] 黄帅. 四川省九龙县紫油坪滑坡工程地质特征及治理方案研究[D]. 西南交通大学，2017.

[32]]李江. 四川省南江县红层地区缓倾岩质滑坡成因机理与预警研究[D]. 成都：成都理工大学，2015.

[33] 唐兴旭. 四川省达宣公路老林村滑坡稳定性评价及防治措施研究[D]. 成都：成都理工大学，2015.

[34] 于超. 四川省阆中市望垭滑坡变形破坏机制及稳定性研究[D]. 成都：成都理工大学，2011.

[35] 刘玉钦. 四川省松潘县乱石窖滑坡工程治理方案简析[C].江西省地质学会. 2016年江西省地质学会论文汇编集Ⅲ.2016年江西省地质学会论文汇编集Ⅲ, 2017: 66-70.

[36] STEVENSON P C. An empirical method for the evaluation of relative landslip risk[J]. Bulletin of the International Association of Engineering Geology, 1977, 16（1）: 69-72.

[37] ESCARTIO M V, GEORGE L, ChENEY R S, et al. Landslides-Techniques for evaluating hazard[J]. PIARC Technical Committee on Earthworks, Drainage and Subgrade, 1997.

[38] PIERSON L A. The rockfall hazard rating system[R]. Oregon State Highway Division. Engineering Geology Group, 1991.

[39] STEWART I E, BAYNES F J, LEE I K. The RTA guide to slope risk analysis version 3.1[J]. Australian Geomechanics: Journal and News of the Australian Geomechanics Society, 2002, 37（2）: 115

[40] 刘阳. 基于贝叶斯网络与经验模态分解的边坡灾害危险性评价及位移预警方法研究[D]. 成都: 西南交通大学, 2020.

[41] MCMILLAN P, MATHESON G D. A two stage system for highway rock slope risk assessment[J]. International Journal of Rock Mechanics and Mining Sciences, 1997, 34（3-4）: 196.

[42] WONG C K L. The New Priority Classification Systems for Slopes and Retaining Walls [J]. Geotechnical Engineering Office, 1998.

[43] 交通运输部. 交通运输部关于发布高速公路路堑高边坡工程施工安全风险评估指南(试行)的通知[EB/OL],（2014-12-30）[2024-10-29]. https: //xxgk.mot.gov.cn/2020/jigou/aqyzljlglj/202006/t20200623_3316190.html.

[44] 中铁二院工程集团有限责任公司. 铁路建设工程风险管理技术规范：Q/CR 9006—2014 [S]. 北京：中国铁路总公司，2014.

[45] 中交第一公路勘察设计研究院有限公司. 在役公路边坡工程风险评价技术规程：T/CECS G：E70-01—2019 [S]. 北京：中国工程建设标准化协会，2019.

[46] CHENG M Y, HOANG N D. A Swarm-Optimized Fuzzy Instance-based Learning approach for predicting slope collapses in mountain roads[J]. Knowledge Based Systems，2015，76：256-263.

[47] MORGENSTERN N R，PRICE V E. The analysis of the stability of general slip surfaces. Geotechnique. 1965，15：70-93.

[48] LIU Z, LIU J, BIAN K, et al. Three-dimensional limit equilibrium method based on a TIN sliding surface[J]. Engineering Geology，2019，262：105325.

[49] LIU X，LI D Q，CAO Z J，et al. Adaptive Monte Carlo simulation method for system reliability analysis of slope stability based on limit equilibrium methods[J]. Engineering Geology，2020，264：105384.

[50] RAO P, ZHAO L, CHEN Q, et al. Three-dimensional limit analysis of slopes reinforced with piles in soils exhibiting heterogeneity and anisotropy in cohesion[J]. Soil Dynamics and Earthquake Engineering，2019，121：194-199.

[51] LI Z，HU Z，ZHANG X，et al. Reliability analysis of a rock slope based on plastic limit analysis theory with multiple failure modes[J]. Computers and Geotechnics，2019，110：132-147.

[52] RENANI H R, MARTIN C D. Slope Stability Analysis using Equivalent Mohr–Coulomb and Hoek-Brown criteria[J]. Rock Mechanics and Rock Engineering，2020，53（1）：13-21.

[53] VAN DEN HAM G, ROHN J, MEIER T, et al. Finite Element simulation of a slow moving natural slope in the Upper-Austrian Alps using a visco-hypoplastic constitutive model[J]. Geomorphology, 2009, 103(1): 136-142.

[54] WANG C, HAWLADER B, ISLAM N, et al. Implementation of a large deformation finite element modelling technique for seismic slope stability analyses[J]. Soil Dynamics and Earthquake Engineering, 2019, 127: 105824.

[55] SHAMEKHI E, TANNANT D D. Probabilistic assessment of rock slope stability using response surfaces determined from finite element models of geometric realizations[J]. Computers and Geotechnics, 2015, 69: 70-81.

[56] PASCULLI A, CALISTA M, SCIARRA N. Variability of local stress states resulting from the application of Monte Carlo and finite difference methods to the stability study of a selected slope[J]. Engineering Geology, 2018, 245: 370-389.

[57] ZHANG T, HUANG Y J, LIANG L, et al. Numerical solutions of mild slope equation by generalized finite difference method[J]. Engineering Analysis with Boundary Elements, 2018, 88: 1-13.

[58] LIN X, Yu X. A finite difference method for effective treatment of mild-slope wave equation subject to non-reflecting boundary conditions[J]. Applied Ocean Research, 2015, 53: 179-189.

[59] WANG H, ZHANG B, MEI G, et al. A statistics-based discrete element modeling method coupled with the strength reduction method for the stability analysis of jointed rock slopes[J]. Engineering Geology, 2020, 264: 105247.

[60] LU Y, TAN Y, LI X. Stability analyses on slopes of clay-rock mixtures using discrete element method[J]. Engineering Geology, 2018, 244: 116-124.

[61] FENG J L, TAO Z G, LI D J. Evaluation of Slope Stability by the In Situ Monitoring Data Combined with the Finite-Discrete Element Method[J]. Procedia engineering, 2017, 191: 568-574.

[62] 苏振宁, 邵龙潭. 边坡稳定分析的任意形状滑动面的简化 Bishop 法[J]. 水利学报, 2014, 45（S2）: 147-151+160.

[63] 卢玉林, 陈晓冉. 地下水渗流作用下土坡稳定性的简化 Bishop 法解[J]. 应用力学学报, 2018, 35（3）: 524-529+687.

[64] 徐计云, 雷庆关, 朱大勇. 基于 Morgenstern-Price 法考虑桩作用力的支护力计算方法[J]. 安徽工程大学学报, 2022, 37(02): 54-59.

[65] 邓东平, 李亮. 两种滑动面型式下边坡稳定性计算方法的研究[J]. 岩土力学, 2013, 34（2）: 372-380+410.

[66] 梁冠亭, 陈昌富, 朱剑锋, 等. 基于 M-P 法的抗滑桩支护边坡稳定性分析[J]. 岩土力学, 2015, 36（2）: 451-456+469.

[67] 陈祖煜. 边坡稳定的极限平衡法和极限分析法[C].中国土木工程学会, 中国建筑业协会深基础分会, 台湾地工技术研究发展基金会. 海峡两岸土力学及基础工程地工技术学术研讨会论文集. 水利水电科学研究院, 1994: 8.

[68] 靳晓光, 陈力华, 张永兴. 考虑张拉及剪切破坏的强度折减法在岩土工程中的应用[J]. 重庆大学学报, 2013, 36（08）: 97-104.

[69] 周正军, 陈建康, 吴震宇, 等. 边坡稳定数值计算中失稳判据和岩土强度屈服准则[J]. 四川大学学报（工程科学版）, 2014, 46（4）: 6-12.

[70] 李永亮，周国胜，李永鹏. 有限元强度折减法边坡失稳判据的适用性研究[J]. 水利与建筑工程学报，2018，16（5）：125-129.

[71] 周昀锴. 机器学习及其相关算法简介[J]. 科技传播，2019，11(6)：153-154+165.

[72] JALALI Z. Development of slope mass rating system using K-means and fuzzy c-means clustering algorithms[J]. International Journal of Mining Science and Technology，2016，26（6）：959-966.

[73] GUPTA A，DATTA S，DAS S. Fast automatic estimation of the number of clusters from the minimum inter-center distance for k-means clustering[J]. Pattern Recognition Letters，2018，116：72-79.

[74] SABOKBAR H F，ROODPOSHTI M S，TAZIK E. Landslide susceptibility mapping using geographically-weighted principal component analysis[J]. Geomorphology，2014，226：15-24.

[75] FARAJI SABOKBAR H，SHADMAN ROODPOSHTI M，TAZIk E. Landslide susceptibility mapping using geographically-weighted principal component analysis [J]. Geomorphology，2015，234：192-192.

[76] ZHAO Q，LIU Z，DONG J. Unsupervised representation learning with Laplacian pyramid auto-encoders[J]. Applied Soft Computing，2019，85：105851.

[77] ZHAO X，JIA M，LIN M. Deep Laplacian Auto-encoder and its application into imbalanced fault diagnosis of rotating machinery[J]. Measurement，2020，152：107320.

[78] FAN B，KONG Q，ZHANG B，et al. Efficient nearest neighbor search in high dimensional hamming space[J]. Pattern Recognition，2020，99：107082.

[79] TANG M, PÉREZ-FERNÁNDEZ R, DE BAETS B. Fusing absolute and relative information for augmenting the method of nearest neighbors for ordinal classification[J]. Information Fusion, 2020, 56: 128-140.

[80] CHEN W, LI Y, XUE W, et al. Modeling flood susceptibility using data-driven approaches of naïve bayes tree, alternating decision tree, and random forest methods[J]. Science of The Total Environment, 2020, 701: 134979.

[81] HWANG S G, GUEVARRA I F, YU B O. Slope failure prediction using a decision tree: A case of engineered slopes in South Korea[J]. Engineering Geology, 2009, 104 (1-2): 126-134.

[82] LU P, ROSENBAUM M S. Artificial neural networks and grey systems for the prediction of slope stability[J]. Natural Hazards, 2003, 30 (3): 383-398.

[83] CHO S E. Probabilistic stability analyses of slopes using the ANN-based response surface[J]. Computers and Geotechnics, 2009, 36 (5): 787-797.

[84] ALIMOHAMMADLOU Y, NAJAFI A, GOKCEOGLU C. Estimation of rainfall-induced landslides using ANN and fuzzy clustering methods: a case study in Saeen Slope, Azerbaijan province, Iran[J]. Catena, 2014, 120: 149-162.

[85] KANG F, XU Q, LI J. Slope reliability analysis using surrogate models via new support vector machines with swarm intelligence[J]. Applied Mathematical Modelling, 2016, 40 (11-12): 6105-6120.

[86] LI S, ZHAO H, RU Z, et al. Probabilistic back analysis based on Bayesian and multi-output support vector machine for a high cut rock slope[J]. Engineering Geology, 2016, 203: 178-190.

[87] KANG F, LI J, LI J. System reliability analysis of slopes using least squares support vector machines with particle swarm optimization[J]. Neurocomputing, 2016, 209: 46-56.

[88] SEO J H, LEE J Y. Novel nomogram based on risk factors of chronic obstructive pulmonary disease (COPD) using a naïve Bayesian classifier model[J]. Journal of the Korean Statistical Society, 2019, 48(2): 278-286.

[89] WONG T T, LIU C R. An efficient parameter estimation method for generalized Dirichlet priors in naïve Bayesian classifiers with multinomial models[J]. Pattern Recognition, 2016, 60: 62-71.

[90] RAMMAL A, PERRIN E, VRABIE V, et al. Selection of discriminant mid-infrared wavenumbers by combining a naïve Bayesian classifier and a genetic algorithm: Application to the evaluation of lignocellulosic biomass biodegradation[J]. Mathematical biosciences, 2017, 289: 153-161.

[91] KAUNDA R B. A linear regression framework for predicting subsurface geometries and displacement rates in deep-seated, slow-moving landslides[J]. Engineering Geology, 2010, 114(1-2): 1-9.

[92] YALCIN A, REIS S, AYDINOGLU A C, et al. A GIS-based comparative study of frequency ratio, analytical hierarchy process, bivariate statistics and logistics regression methods for landslide susceptibility mapping in Trabzon, NE Turkey[J]. Catena, 2011, 85(3): 274-287.

[93] ANTONUCCI A, SALVETTI B A, ZAFFALON M. Hazard assessment of debris flows by credal networks[J]. Scandinavian Journal of Trauma Resuscitation & Emergency Medicine, 2004.

[94] STRAUB D, FABER M H. Computational aspects of risk-based inspection planning[J]. Computer-Aided Civil and Infrastructure Engineering, 2006, 21(3): 179-192.

[95] ZAREI E, KHAKZAD N, COZZANI V, et al. Safety analysis of process systems using Fuzzy Bayesian Network(FBN)[J]. Journal of loss prevention in the process industries, 2019, 57: 7-16.

[96] YAZDI M. A review paper to examine the validity of Bayesian network to build rational consensus in subjective probabilistic failure analysis[J]. International Journal of System Assurance Engineering and Management, 2019, 10(1): 1-18.

[97] COVER T, HART P. Nearest neighbor pattern classification[J]. IEEE transactions on information theory, 1967, 13(1): 21-27.

[98] 张晓东. 基于遥感和 GIS 的宁夏盐池县地质灾害风险评价研究[D]. 北京: 中国地质大学(北京), 2018.

[99] 朱吉龙. 溪洛渡库区滑坡地质灾害风险评价研究[D]. 成都: 西南石油大学, 2019.

[100] 王念秦, 郭有金, 刘铁铭, 等. 基于支持向量机模型的滑坡危险性评价[J]. 科学技术与工程, 2019, 19(35): 70-78.

[101] 宋庆武. 葫芦岛市建昌县山区滑坡危险性评价[J]. 黑龙江水利科技, 2019, 47(7): 217-221.

[102] 胡旭东. 基于集成学习的地质灾害易发性评价研究: 以云南省泸水县为例[D]. 武汉: 中国地质大学, 2019.

[103] 张福浩, 朱月月, 赵习枝, 等. 地理因子支持下的滑坡隐患点空间分布特征及识别研究[J]. 武汉大学学报(信息科学版), 2020, 45(8): 1233-1244.